Berndt Anwander

Beisln in Wien

99 der schönsten Gaststätten der Stadt
Mit Beschreibungen, Tipps und zahlreichen Fotos
von Christian Fischer

Falter Verlag

ISBN 978-3-85439-476-1

1011 Wien, Marc-Aurel-Straße 9
Tel. +43/1/536 60-0, Fax +43/1/536 60-935
E-Mail/Verlag: bv@falter.at
E-Mail/Bestellungen: service@falter.at
Web: www.faltershop.at
1. Auflage 1991
2. Auflage 1993
3. Auflage 1997
4. Auflage 2003
5. Auflage 2013

Autor: Berndt Anwander
Fotos: Christian Fischer
Lektorat: Helmut Gutbrunner
Karte: arbeitsgemeinschaft kartographie
Grafik und Layout: Marion Großschädl
Produktion: Susanne Schwameis
Gedruckt in der EU

Inhalt

Wiener Beisln und Gaststätten

Vorwort

Vor 23 Jahren, man könnte auch sagen vor beinahe einem Vierteljahrhundert, erschien das Buch unter dem Titel „Beisln und Altwiener Gaststätten“ zum ersten Mal. Damals war das Motto, etwas überspitzt gesagt, „Die Letzten ihrer Art“. Allerorten wurde vom Beislsterben und dem unabwendbaren Ende dieser traditionellen Existenzform der Wiener Gastronomie geschrieben. Das Beisl hätte sich überlebt, hieß es, wäre aus der Mode gekommen und würde, gemeinsam mit den älter werdenden Wirten und Stammgästen, in seiner klassischen Form ein biologisches Ende finden. Das Beisl würde den Sprung ins neue Jahrtausend nicht schaffen. Seither sind etliche Neuauflagen erschienen, die Beisln und Gaststätten von Wien gibt es immer noch. 2003 stand dann die komplett überarbeitete Neuauflage schon unter dem Motto „Heaven can wait“. Die Kulturpessimisten hatten sich geirrt. Die Beisln und Wiener Gaststätten erfreuten sich bester Gesundheit, das „Beislsterben“ und damit das Ende der Wiener Wirtshauskultur war definitiv vom Tisch. Und heute? Aus dem „Beislsterben“ ist ein reges Beislleben geworden und wir sind Zeugen dessen, wie die klassische Institution des Wiener Wirtshauses eine spannende Neuinterpretation erfährt und wie in einem früher nicht vorstellbaren Maße „neue alte“ Wirtshäuser eröffnen oder alte neu übernommen und innovativ weitergeführt werden. Es scheint ganz so, als hätte sich ein neuer Trend etabliert, kein „Beislboom“, was auch gar nicht notwendig ist, sondern eine interessante, zeitgemäße und unsentimentale Auseinandersetzung mit dem Thema Beisl und dem, was der Wirt darunter versteht und der Gast sich erwartet, heute ein fürwahr breites Spektrum. Und das ist gut so.

Schon in der Einleitung der Erstauflage hieß es, „das vorliegende Buch kann und soll keine vollständige Bestandsaufnahme aller Beisln und Altwiener Gaststätten sein. Es gibt vielmehr einen Querschnitt durch bekannte und weniger bekannte, alte und neu adapierte Lokale. Es soll einen Eindruck davon vermitteln, wie es heute in ‚Beisln und Gaststätten‘ aussieht und was einem in diesen Wiener Institutionen, die den Alltag und die Alltagskultur dieser Stadt wesentlich bestimmten und noch bestimmen, heute erwartet.“ Dieser Ansatz stimmt nach wie vor. Die im Folgenden ausgewählten und beschriebenen 99 Beisln und Wirtshäuser sind, der Beislgott – wo immer der auch wohnen mag – sei gepriesen, beileibe nicht alle Wiener Beisln und Gaststätten, aber ein sehr repräsentativer Querschnitt, wobei die Auswahl nach rein subjektiven Kriterien erfolgte.

Berndt Anwander

Einleitung

Seit langem schon zeichnet sich die Wiener Gastronomie durch eine Besonderheit aus, die wohl einzigartig in der Welt ist. Je nach Sozialisation, Herkunft oder persönlicher Vorliebe spricht man dabei von der „kulinarischen Dreifaltigkeit“ oder dem „gastronomischen Dreigestirn“. Wobei „Dreigestirn“ – also eine Gruppe von Sternen, die in enger Beziehung zueinander stehen – vielleicht besser passt als die unentschiedene und schwer nachvollziehbare „Dreifaltigkeit“. Wie auch immer, klar jedenfalls ist, dass es sich bei dieser Einzigartigkeit um die gastronomischen Identifikationsorte der Wiener handelt, nämlich um Kaffeehaus, Heurigen und Beisl. Im Kaffeehaus sitzen, zumindest der gerne bemühten Legende nach, Intellektuelle, Schreiber, Denker und Zeitungsleser, und dann natürlich auch die Heerscharen von normalen Gästen, die diese einmalige Wiener Einrichtung lieben. Beim Heurigen sitzen die sentimental-fröhlichen, melancholisch-seligen Weinspitze, die nur den Mund aufzumachen brauchen, und schon ertönt eines der wunderbaren Heurigenlieder, die einem schier das Herz zerreißen – und natürlich sind da auch die zahlreichen Touristen, die genau darauf warten.

Im Beisl sitzen die normalen Gäste und zahllose freischaffende Konsulenten mit informeller Generalkompetenz, selbsternannte Fachleute für alle wichtigen Fragen des Lebens wie Fußball, Formel 1, Wirtschaft, Politik sowieso, Autokauf und vor allem -verkauf, Erziehungsfragen und Eheberatung, die Kleider der Töchter, die Schuhe der Söhne, die Probleme der Jugend, die Ängste der Senioren, das Wetter, der Papst und das Sterben. Wenn man nur auf sie hörte, die Welt wäre mit Sicherheit eine andere – ob eine bessere, sei dahingestellt. Das Beisl ist das alltäglichste der drei Gestirne der Wiener Gastronomie, es leuchtet vielleicht nicht so hell wie die beiden anderen, dafür aber immer. Welche Rolle das Beisl, bleibt man beim Bild der Dreifaltigkeit, einnimmt – ob Vater, Sohn oder Heiliger Geist –, muss dagegen wohl individuell entschieden werden. Möglicherweise können diese Funktionen ja auch quartalsmäßig rotieren.

Das klassische Beisl befindet sich im Idealfall ums Eck, der inzwischen schon recht spärliche Bestand an klassischen Kaffeehäusern dagegen ist auf einige über die Stadt verteilte Institutionen zusammengeschrumpft, und die Heurigen sind sowieso ein Fall für sich. Ins Beisl geht man auf ein schnelles Bier, ein Achterl oder ein großes Gulasch, auf ein Menü, zum Kartenspielen, zur Sparvereinseinzahlung oder um Freunde und Bekannte zu treffen. So eindeutig ein Beisl als solches zu erkennen ist, wenn man erst einmal drin ist, so schwierig ist es zu beschreiben, was denn ein Beisl ausmacht. Es geht beim

„richtigen" Beisl vor allem um das Ambiente und die Einrichtung, und es geht um die Wirtsleute und natürlich um die Gäste, und selbstverständlich geht es auch um die Küche, und eigentlich geht es um all das zusammen, will man das Beisl definieren, womit wir wieder am Anfang wären: Wie beschreiben, was ein Beisl ist? Wenn es so schwer ist, ein Beisl durch das zu definieren, was es haben soll, so könnte man ja vielleicht die umgekehrte Vorgangsweise wählen und fragen, was in einem Beisl nicht sein darf: keine Atmosphäre, eigenartige Einrichtung, unfreundliche Wirtsleute, seltsame Gäste und eine eher belanglose Leistung der Küche. So gesehen ist die halbe Welt kein Beisl, was ja auch stimmt, aber auch nur zum Teil. Denn es gibt eine ganze Reihe von Wirtshäusern, die von ihren Stammgästen und Wirten mit Vehemenz und Nachdruck als Beisl, wenn nicht gar als das beste und einzig wahre Beisl bezeichnet werden, obwohl doch gerade die oben angeführten Kriterien des Nichtbeisls, zumindest für den Außenstehenden, mehrfach und eindeutig zutreffen. Das ist dann wohl so wie im richtigen Leben: Bei der Liebe kommt es nicht auf das Aussehen an, sondern auf den Charakter, und Charakter kann ein Lokal ja ha-

Schweizerhaus, berühmt für Bier und gegrillte Stelzen

Ubl, eines der schönsten alten Gasthäuser Wiens

ben, auch wenn es nicht auf den ersten Blick als Beisl erscheinen mag. Aber natürlich gibt es einige Kriterien, die das Erkennen eines Beisls erleichtern.

Die Ausstattung der Beisln und Gasthäuser ist eines der wichtigsten Kriterien überhaupt, wenn es um die Frage geht, ob ein Lokal nun ein Beisl ist oder nicht. Ausstattung, das heißt vor allem die Schank, die Wände, der Boden, die Möbel. Das Beisl und Wiener Wirtshaus besinnt sich dabei auf seine lange Tradition und seine typische Atmosphäre, und dafür hat sich die Verwendung von viel (gealtertem) Holz seit Jahrhunderten bewährt. Sicher, es gibt auch einige neue Wirtshäuser, die mit weniger Holz arbeiten, dafür aber mit guten Architekten.

Der Wirt und die Wirtin sind die Seele eines jeden guten Gasthauses, eine alte Weisheit, an der nicht zu rütteln ist. Die Wirtsleute geben die Grundstimmung vor und machen die Atmosphäre eines Lokals aus. Nur ganz wenige Wirtshäuser funktionieren auch in Abwesenheit des Wirts. Wirte müssen auch gute Schauspieler sein, und das Tag für Tag und für mehr oder weniger immer das gleiche Publikum. Wo ein Wirtshaus, da auch ein Kellner oder Ober, und auch die tragen wesentlich zu Stimmung und Atmosphäre eines Lokals bei und sind keineswegs nur Nebendarsteller im täglichen Wirtshaustheater. Ohne Kellner und Ober ist ein Gasthausbesuch, ja ein Leben als Gast gar nicht möglich oder doch nur schwer vorstellbar.

Das „Beisl" zu definieren ist also auch über die Jahre nicht einfacher geworden, und trotzdem gelingt es immer wieder und immer öfter, ein „neues“ Beisl zu eröffnen. Betrachtet man die letzten Jahre, so ist eine Entwicklung feststellbar, die darin besteht, das „typische“ Wiener Wirtshaus erhalten zu wollen oder neue Lokale so zu gestalten, dass sie schon in kurzer Zeit ein „Wirtshausgefühl“ vermitteln und dabei eine zeitgemäße und qualitätsvolle Küche bieten. Wie alles andere ändert und verändert sich also auch das Wiener Wirtshaus/Beisl, und wie bei allem Guten besinnt man sich dabei auch irgendwann auf Tradition und bewährte Muster.

Wirtsleute, Wirtshaus und Speisekarte sind so vielleicht auch Ausdruck einer immer häufiger wahrnehmbaren selbstbewussten und zeitgemäßen Neudefinition des Begriffs Gasthaus. Ein Wandel, dessen teilnehmende Beobachter wir gerne sind und der in immer mehr Lokalen der Stadt auszumachen ist. Es geht halt nicht mehr nur um Gulasch und Schweinsbraten in super Qualität, sondern um eine an regionalen Produkten, lokalen Traditionen und internationalen Standards entwickelten Küche.

Wirte, Kellner, Gäste und Ausstattung machen viel von einem Beisl aus, aber eben nicht alles. Eines ist aber sicher, ein echtes Beisl kann nur in Wien sein, weil in ein richtiges Beisl auch richtige Wiener (was immer auch das wieder sein mag) hineingehören. Um zu erfahren, was ein Wiener Beisl wirklich ist, hilft also nur der Besuch des einen oder anderen Gasthauses, damit lässt sich aufs Feinste das Interessante mit dem Angenehmen verbinden. Das vorliegende Buch soll für diese Reise ins Innere von Wien Anregung und Führer sein.

Frau Liesl's Tipps

Die angeführten „Küchen-Tipps“ beziehen sich nicht auf das jeweilige Gasthaus oder dessen Küche, sondern es sind großteils Zitate aus einer kleinen Kochbuch- und Rezeptesammlung der Großmutter des Autors. Großmutter Elisabeth, genannt „Liesl“ (Hausname als Mädchen: „Unterleherer's Elis“), aus Satteins in Vorarlberg, erhielt diese Kochbücher als Geschenk zu ihrer Hochzeit. Ob sich nach Lektüre der Bücher ihre Kochkunst verbessert hat, ist allerdings nicht überliefert. Überliefert aber sind die für uns heute zum Teil kurios anmutenden Tipps aus Liesl‘s Sammlung, die einen Einblick in die Haushaltsküche zu Beginn des 20. Jahrhunderts bieten. Ein wesentlicher Teil der Zitate stammt aus dem 1927 erschienen Werk: „1000 praktische Winke für die geplagte Hausfrau“ (Karoline v. Kraus, Kommissionsverlag E. Vetter, Hohenems, Vorarlberg).

Frau Liesl's Tipp
Forellen drei bis vier Tage frischhalten: gleich ausnehmen, mit Essig begießen und sofort in Brennnesseln legen.

Innere Stadt

Denkt man an Gastronomie und Innere Stadt, fallen einem eigentlich eher feine Restaurants, teure, dauerausreservierte Italiener, schicke Bars und vielleicht auch noch expandierende Fastfoodketten ein, mit dem Wiener Beisl assoziiert man das Zentrum der Großstadt eher weniger.
Dabei hat der erste Bezirk eine der höchsten Wirtshausdichten überhaupt, kann man hier nicht nur Restaurants, sondern durchaus auch „echte und klassische" Beisln – mit allem, was dazugehört – besuchen. Natürlich sind die Beisln hier keine „tiefen Basislokale", wie man sie in anderen Bezirken fallweise noch antrifft – diesen Part übernehmen hier in reger Abfolge andere gastronomische Einrichtungen –, und etliche der Gasthäuser sind schon deutlich näher beim Haubenrestaurant als beim Beisl. Trotzdem haben sich zahlreiche Beisln im ersten Bezirk bis heute gut gehalten und werden – dazu muss man kein großer Prophet sein – auch weiterhin bestehen. Es besteht also kein Grund zur Sorge, ganz im Gegenteil, folgt doch auch der erste Bezirk dem Trend zur aufmerksamen und innovativen Hinwendung und Erneuerung des Wiener Beisls; wir dürfen gespannt sein, was hier in den nächsten Jahren noch zu erleben sein wird.

Kern Beisl

1010 Wien, Kleeblattgasse 4 (Ecke Tuchlauben), Tel. 01/533 91 88
www.kernbeisl.at
Montag bis Freitag 9 bis 23 Uhr, Feiertag geschlossen
Mittagsmenü | CC | Schanigarten für 25 Personen

1962, also vor über fünfzig Jahren, wurde das Kern Beisl von den Großeltern des heutigen Wirtes gegründet. Ursprünglich in der Wallnerstraße beheimatet, befindet sich das kleine Gasthaus nun seit mehr als zehn Jahren in der Gasse mit dem schönen Namen Kleeblatt, benannt nach dem steinernen Hauswahrzeichen „Zum Kleeblatt“.

In der Kleeblattgasse wurde mit Glück, Geschick und guter Fügung ein Lokal gefunden und eingerichtet, das sich sehr gut am Vorbild des alten Wirtshauses orientieren konnte und im Sommer um einen netten und ruhigen Schanigarten erweitern lässt. Das Kleeblatt steht ja im Ruf, Glück zu bringen, wenn es sich nicht gerade um das äußerst seltene einblättrige handelt. Beim Kern scheint das Kleeblatt seine Aufgabe sehr gut zu erfüllen. Das Kern ist seit Jahren ein Hort verlässlicher Wirtshausqualität und ein klassisches Beisl – das ist ja schon im Namen festgeschrieben!

Wobei sich bei „Kern“ auch das eine oder andere Wortspiel aufdrängt: etwa „Zum Kern gehn sie gern“, was auch für viele stimmt. Richtig ist auch, dass man hier auf den Kern der Wiener Wirtshaus-

Des Beisls Kern

Im Kern des Kern's

küche stößt. Die Wurzeln des Erfolgs liegen im Fortführen der Familientradition und in der besonderen Gastlichkeit, wobei die Kernkompetenz des Kern darin besteht, ein Gasthaus mit hoher Qualität aus Küche und Keller zu bieten, was tagtäglich aufs Neue unter Beweis gestellt wird.

> **Frau Liesl's Tipp**
> Fleischbrühe wird klar, wenn das Wurzelwerk abgeröstet, abgeschöpft und dann etwas kaltes Wasser nachgegossen wird.

Klassiker wie Gulasch vom Weiderind-Wadschinken, Wiener Schnitzel vom Waldviertler Milchkalb, gekochter Kavalierspitz oder Zwiebelrostbraten vom Weiderind werden ebenso geboten wie ein „Schopfbratel im Biersaftl" vom Tullnerfelder Genussschwein. Welche speziellen Vorlieben das Tullnerfelder Schwein zum ausgezeichneten „Genussschwein" gemacht haben, ehe es in Begleitung von Serviettenknödel und Krautsalat auf den Tisch kommt, verschweigt die Karte allerdings. Neben „Kern Schmankerl", das sind gebackene Filets von Freilandhühnern auf Erdäpfelsalat, gibt es eine täglich wechselnde Mittagskarte, jeweils auch mit vegetarischem Angebot, und abends die wöchentlich wechselnde Spezialitätenkarte. Wöchentliche Spezialthemen, wie etwa Steirer-, Burgenland- oder Mostviertler Woche, ergänzen das umfangreiche Angebot. Hungrig hat das Kern noch niemand verlassen.

Die Weinkarte bietet eine gute Auswahl an österreichischen Topwinzern und umfasst rund hundert österreichische Bouteillenweine, wöchentlich wechselnd werden rote und weiße österreichische Spitzenweine offen ausgeschenkt. Wer dann zur Verdauung zum Digestif greifen möchte, hat die Qual, zwischen Edelbränden und hausgemachten Schnäpsen wählen zu müssen, etwa Quitte oder Nuss. Kleeblattschnaps vom vierblättrigen Weideklee wird bislang jedoch noch nicht ausgeschenkt.

Das Pöschl, fast immer voll

Gasthaus Pöschl

1010 Wien, Weihburggasse 17, Tel. 01/513 52 88, täglich 12 bis 24 Uhr

Tagesteller | Schanigarten für 40 Personen

Dort, wo heute das Pöschl ist und bis vor wenigen Jahren das Immervoll war, befand sich einst das Gasthaus Obenaus. Die Vergnügungen dort waren einfacher und solider Art: Es gab guten Wein und meist ein kleines Menü. Lange hielt sich das Gerücht, Thomas Bernhard hätte das Gasthaus Obenaus ein ums andere Mal in seine Texte eingebaut. Hat er auch, aber nur ist das ein anderes Obenaus, nämlich das Gasthaus „Zum müden Wanderer" – auch ein wunderbarer Name –, das sich später ins „Steirereck" verwandeln sollte.

Beim Pöschl ist es einfach, dort ist der Namensgeber auch tatsächlich ident mit dem Wirt und großartigen Darsteller meist urwienerischer Charaktere in Theater, Film und Fernsehen. Es gibt Leute, die behaupten, Wirt wäre seine beste Rolle, und das will bei der Biografie was heißen.

Das kleine Lokal ist ein Musterbeispiel für die Neugestaltung eines Wirtshauses, wo die Architektur in den Hintergrund tritt und damit erst recht an Bedeutung gewinnt.

„Was kann man Schöneres über einen Architekten sagen, als dass er eine Spur des Wohlbefindens durch seine Stadt gezogen hat?" So beschreibt die *Frankfurter Allgemeine Zeitung* die Café-, Restaurant-

und Wirtshausgestaltungen Hermann Czechs, der auch das Gasthaus Pöschl entworfen hat.

Im Pöschl wird man herzlich willkommen geheißen und bestens bedient. Es kann aber auch passieren, dass der Hausherr von seinem Hausherrenrecht gebraucht macht und Gäste, die etwa die Machart des berühmten – weil für viele das beste der Stadt – Schnitzels kritisieren, offensiv und ausdrücklich nicht willkommen heißt. Ist auch gut so, bleibt mehr Platz für die, die genau deshalb hierher kommen, nämlich um das Schnitzel, das Backhenderl, den feinen Schweinsbraten und alle anderen Köstlichkeiten der Küche zu loben. Im Sommer ist das einfacher, da wird das kleine Lokal um den Schanigarten am Franziskanerplatz erweitert. Ein weiter Weg für die Kellner, doch ein wichtiger Schritt für die Freunde des Schnitzels.

Nicht nur die Wiener kommen gerne und regelmäßig hierher. Wer als Tourist es schafft, sich vernünftig ortskundig zu machen und nicht den Verlockungen des angeblich größten – und dünnsten – Schnitzels, das unweit von hier marktschreierisch angeboten wird, zu erliegen, findet im Pöschl, was er in Wien sucht. „This small eatery recently changed its name from Immervoll to Gasthaus Pöschl. Actor, confectioner and chef, Hanno Pöschl, is back in the kitchen" (www .simonseeks.com). Auch Tante Ilse und die Lieblingscousine (Anm.: des Autors) kommen besonders gerne hierher, wenn sie in Wien sind. Und weil das nicht so oft der Fall ist, sie aber sehr verwöhnte Mäuler haben, ist das ein gutes Zeichen für das Pöschl, obwohl es auch ohne die beiden immer voll wäre.

Die Theke, Zentrum und Schaltstelle des Lokals

Beruhigend: außen wie innen ...

Reinthaler

1010 Wien, Gluckgasse 5, Tel. 01/512 33 66

Montag bis Freitag 9 bis 23 Uhr, Feiertag geschlossen

Tagesspeise | Schanigarten für 60 Personen

Zum Reinthaler geht man, wenn man im ersten Bezirk gut, beislartig und unkompliziert essen oder sich in einer angenehmen Wirtshausatmosphäre ganz und gar nicht „innerstädtisch" fühlen will, oder um schnell ein Bier zu trinken, sich mit Freunden zu treffen und aus hunderttausend anderen Gründen. Wenn es das Wetter zulässt, kann man es sich auch im kleinen Schanigarten an der Gluckgasse gemütlich machen. An der Fassade künden seit Jahrzehnten erhabene Buchstaben von „Gösser-Bier", „Hausmannsküche" und „Mailberger Weinen".

Seit langem gilt, wer in der Innenstadt ein echtes, unverfälschtes, altes Wiener Beisl sucht, ist beim Reinthaler bestens aufgehoben. Es verkörpert einen Typ Wiener Beisl, wie es ihn so nur mehr recht selten gibt, vor allem in der Inneren Stadt. Verglichen mit der Albertina, dem Theatermuseum im Palais Lobkowitz und der Kaisergruft in unmittelbarer Nähe ist der Reinthaler wesentlich unprätentiöser, nicht so edukativ und bei weitem gemütlicher. Wenige Stufen führen von der Gluckgasse in das Souterrainlokal mit seiner schönen Einrichtung, wobei die gedeckten Tische, die Holzsesseln und die von der

Decke hängenden Lampen ein wenig an die Esszimmer der Fünfziger- und Sechzigerjahren erinnern. Sehr klassisch und sehr schön ist der Raumteiler, der den Schankraum vom Speisezimmer trennt.

Im Reinthaler ist das Publikum gut durchmischt, oft gut gekleidet und manchmal auch gut bekannt. Ebenso gut ist die Küche. Passend zum Publikum und zum Ambiente bietet sie klassisch Wienerisches vom Schnitzel bis zu Innereien.

Wer sich beim Reinthaler treffen möchte, muss allerdings klarmachen, bei welchem Reinthaler das sein soll. Seit einiger Zeit gibt es nämlich ein zweites Reinthaler, Reinthaler's Beisl in der Dorotheergasse 4 (täglich 11 bis 23 Uhr), direkt vor dem Hawelka. Das Beisl wird vom Bruder der Chefin betrieben und ist nicht nur bei Touristen, die den Eingang zum Hawelka verfehlt haben oder dort keinen Platz mehr ergattern konnten, beliebt. Reinthaler's Beisl erfreut sich auch einer großen „einheimischen" Stammgästeschar. Und es ist ein schönes, überraschend großes Wirtshaus mit Schank und Extrazimmer und allem, was sich der Beislgast sonst noch erwartet. Aber das Original ist und bleibt der Reinthaler in der Gluckgasse.

Frau Liesl's Tipp

Wildbret richtig braten: Beim Wild sollten nur Schlegel, Rücken und Schultern frisch gebraten werden, alles andere sollte man beizen.

… seit Jahrzehnten unverändert

Gastwirtschaft Stopfer

1010 Wien, Rudolfsplatz 4, Tel. 01/533 64 62

www.gastwirtschaft-stopfer.at

Montag bis Freitag 11 bis 23 Uhr, Feiertag geschlossen

Tagesteller | CC | Schanigarten für 60 Personen

Der Rudolfsplatz hat schon viele Lokale kommen und gehen gesehen, und die Gastwirtschaft Stopfer, die seit 1951 besteht, mit ihm. Laut Selbstbeschreibung ist die Gastwirtschaft Stopfer ein traditioneller Familienbetrieb und bekannt für klassische Wiener Hausmannskost. Damit wäre eigentlich schon alles gesagt. Aufregendes gibt es um das Stopfer nicht zu berichten, außer dass Qualität und Service seit Jahren – eigentlich Jahrzehnten – unverändert gut sind. Klingt vielleicht etwas langweilig, ist es aber nicht. Kontinuität ist, zumal im Wirtshausleben, ein Fels in der von vielfältigsten, unterschiedlichen und nicht immer ungefährlichen Strömungen umspülten kulinarischen Brandung der Stadt.

Jahrelang hat das Lokal dem schlechten Einfluss der Inhütten und Aufreißerstadeln rund um den Rudolfsplatz mit großer Ruhe und Gelassenheit widerstanden. Die gediegene Einrichtung der weitläufigen Gasträume, viel Holz und Gemütlichkeit, und der große Schanigarten mit guter Aussicht auf die wechselnden Inlokale der Umgebung bieten Sicherheit vor den gastronomischen Unbilden der Welt, tagsüber

Gediegene Wirtshauseinrichtung ...

... und gstandene Wirtsleute

und auch in der beginnenden Nacht. Die Gastwirtschaft Stopfer ist ein Garant für solide Wiener Wirtshausküche; alle Klassiker der Hausmannskost sind auf der Karte präsent.

Damit das alles so bleibt, wird das Fleisch von einem verwandtschaftlich verbundenen niederösterreichischen Fleischereibetrieb bezogen, der mit jahrzehntelanger Tradition und zahlreichen Auszeichnungen für Qualität bürgt. Verarbeitet und zubereitet heißt das für den Gast dann etwa: Grammelknödel auf lauwarmen Speckkrautsalat, mariniertes Rindfleisch mit Tomaten und Zwiebel in Essig und Kernöl und gerösteten Kürbiskernen, gebackene oder geröstete Leber, Rindsgulyas von der Wade mit Semmelknödel, Wiener Schnitzel von der Karreerose vom Weinviertler Schwein, Altwiener Zwiebelrostbraten von der Beiried mit Bratkartoffeln und Senfgurke und vieles mehr. Dazu ein Stiegl-Bier oder Pilsner Urquell. Wer nicht beim Bier als Begleiter bleiben möchte, hat beim Stopfer die Möglichkeit, aus einer schönen Weinkarte zu wählen, mit Weinen von ausgewählten Weingütern wie Wieninger, Christ, Schloß Gobelsburg oder Haller. Die Qualität der hausgemachten Mehlspeisen ist legendär.

Der Rudolfsplatz wird noch viele Geschichten erleben, die Gastwirtschaft Stopfer wird aber so bleiben, wie sie ist, und, wenn es nach ihren Stammgästen geht, den Rudolfsplatz noch lange beherrschen, zumindest auf dem Feld der Wiener Gastlichkeit.

Schon von Nestroy verewigt …

Zu den 3 Hacken

1010 Wien, Singerstraße 28, Tel. 01/512 58 95, www.zuden3hacken.at
Montag bis Samstag 11.30 bis 24, Feiertag 11.30 bis 23 Uhr
Mittagsmenü | CC | Schanigarten für 60 Personen

Das Wiener Beisl ist einer der wenigen Orte, wo das Raum-Zeit-Kontinuum mitunter etwas aus dem Schritt kommt und Zustände ermöglicht, die sonst nicht denkbar sind. Dass einem Gast sein Raum-Zeit-Kontinuum nach einer ausgedehnten Beisltour durcheinanderkommen kann, ist nichts Außergewöhnliches, dass aber kontinuierliche Veränderung bei gleichzeitigem offensichtlichem Stillstand möglich ist, ist ein schon eher ungewöhnliches Phänomen. Das Wirtshaus Zu den 3 Hacken ist ein hervorragendes Beispiel dafür, dass so etwas möglich ist.

Seit Jahrzehnten, nein, Jahrhunderten schon ist hier ein Wirtshaus, hier haben schon Nestroy, Moritz von Schwind, Franz Schubert und etliche Kollegen das eine oder andere Glas geleert. Und noch heute wirkt es so, als hätte es die Zeit unverändert überdauert. Natürlich hat moderne Technik Einzug gehalten, aber das Wesen des kleinen Lokales hat sich wohl nie wirklich verändert, auch die Gästeschar könnte, in jeweils anderer Kostümierung, schon seit Jahrzehnten dieselbe sein. Vielleicht liegt es auch am Angebot aus Keller und Küche mit, seit langem schon, Klassikern in bester Qualität und an der Einrichtung.

Das Lokal ist klein, aber angenehm dimensioniert. Durch Bogengewölbe blickt man auf die wenigen Tische im Schankraum. Die Holztäfelung ist dunkel und anheimelnd, die Sessel sind so, wie sie sein sollen, Holzboden und Schank stellen geradezu Musterbeispiele an Beislkultur dar. Der „Speisesaal" bietet nicht allzu vielen Gästen Platz, dafür ist er leicht überschaubar. Der in dieser Größe vor allem in der Innenstadt keineswegs selbstverständliche Schanigarten wird von einer Markise überdacht und erweitert im Sommer die Sitzmöglichkeiten aufs Angenehmste. Das Extrazimmer wird hier endlich einmal seinem Namen gerecht, es liegt so abseits, dass es wirklich ein Extrazimmer ist, allerdings eines mit feinem Ausblick auf die Singerstraße.

Hin und wieder schwappt die Singerstraße einige Touristenpaare mit einem Wienführer in der Hand in das Lokal. Die sind dann glücklich, diesen einmaligen Ort Wiener Gastlichkeit gefunden zu haben, und schon wird die Weinkarte geprüft und ein Tisch für den Abend reserviert.

Die Speisekarte bietet mehr als den „Beislstandard" oder besser „Standardgerichte aus der klassischen Beislküche", etwa Innereien wie Leber, Nierndl, Bries, Zunge oder Schnitzel, Tafelspitz, Backhenderl, Rindsroulade oder Faschiertes mit Erdäpfelpüree.

Schräg vis-à-vis, auf Riemergasse 14, ist mit dem „3 Hacken Magazin" den 3 Hacken eine Weinhandlung angeschlossen, dementsprechend präsentiert sich die Weinkarte. Wie schon zu Nestroys Zeiten, der die 3 Hacken in einem Couplet verewigt hat, sitzen hier abends gern gesellige Runden zusammen, sodass sich der gemeine Nachtschwärmer mitunter schwertut, ohne vorherige Reservierung einen Platz zu finden.

... drei Hacken, zwei Suppen

Zum Holunderstrauch

1010 Wien, Schreyvogelgasse 3, Tel. 01/535 90 75
www.holunderstrauch.at
Montag bis Freitag 8 bis 24 Uhr, Feiertag geschlossen
Mittagsmenü | Schanigarten für 18 Personen

Die Lage des kleinen Lokals in der Schreyvogelgasse ist ideal für ein Wirtshaus. In unmittelbarer Nähe befinden sich die Universität, öffentliche Einrichtungen, Partei- und Gewerkschaftszentralen und mit dem Burgtheater die Wirkungsstätte des Namensgebers der Schreyvogelgasse: Joseph Schreyvogel (1768–1832). Er war Schriftsteller, Dramaturg und Mitbegünder des Burgtheatermythos. All diese unterschiedlichen Einrichtungen verbindet der Durst und Hunger nach Wissen, vermeintlicher Wahrheit und Diskussion und ganz profan und alltäglich der nach Wein und Bier und den dazugehörigen Feststoffen der Wiener Küche wie Eierflockensuppe, Haussulz, Blunzen, Knacker, Augsburger mit „Gröste", Cordon bleu, Berner Würstel, Gulasch vom Herren oder vom Fiaker oder, fleischlos, Knödel mit Ei oder gebackenen Emmentaler. Allesamt gute Unterlagen, die einen Aufenthalt im Beisl angenehm machen.

Unterm Holunderstrauch sitzt sich's gemütlich

Ein Beisl wie ein Wohnzimmer

Das Zum Holunderstrauch blickt auf eine recht lange Geschichte zurück.

1937 erwarben Johann und Maria Gössinger, die Großeltern der heutigen Betreiber, das seit 1920 bestehende Lokal in der Schreyvogelgasse. In der „Übernahms-Anzeige" von 1937 wird darauf hingewiesen, dass hier Pillichsdorfer Eigenbauweine ausgeschenkt werden, bis heute ist das Weinviertel der Weinlieferant im Holunderstrauch. Und so heißt es auch auf der Homepage: „... denn das Weinviertel beginnt in der Schreyvogelgasse". Daneben gibt es auch Blaufränkischen aus Deutsch Schützen und natürlich verschiedene Biere wie Hopfenperle, Pils und Zwickl. Besonderer Wert wird auf den Einsatz regionaler – hier Weinviertler, genauer aus der Region Pillichsdorf stammender – Spezialitäten und saisonaler Angebote gelegt. Je nach Jahreszeit werden hausgemachte Mehlspeisen, Birnen, Äpfel, Zwetschken, Nüsse oder Weintrauben in ungepresster Form und Spargel, Kaninchen, Blunzen, Kürbis und, nomen est omen, Hollerblüten kredenzt.

Für einen Vertreter der Familie der Moschuskrautgewächse eher untypisch, weist der heimische – in diesem Fall in der Schreyvogelgasse beheimatete – Holunderstrauch einige hervorstechende, beisltypische Merkmale auf, die da wären: Holztische, gemütliche Stehschank, eine prächtige Bierkrugsammlung, Wirt und Wirtin und fröhliche Stammgäste, die sich hier mitunter auch schon tagsüber ein kurzes Stelldichein geben, sei es zum Mittagessen oder zu vormittäglichen, nachmittäglichen und vorabendlichen Besprechungen und Beratungen. Unter dem freundlichen kleinen Gastraum befindet sich ein überraschend großes Kellerstüberl mit einer eigens aus Pillichsdorf „importierten", alten Weinpresse. Hier im Ziegelgewölb, wo Tagundnachtgleiche keine Rolle spielen, werden Familien- und Betriebsfeiern, Geburtstagsfeste oder andere Anlässe begangen.

Und noch 6 Lokale im Herzen Wiens, die Sie unbedingt besuchen sollten:

Beim Czaak

1010 Wien, Postgasse 15/Ecke Fleischmarkt, Tel. 01/513 72 15 www.czaak.com, Mo–Sa 11–24 Uhr

Tagesmenü | CC | Schanigarten für 50 Personen

Seit beinahe 90 Jahren in Familienbesitz. Renoviertes Beisl mit klassischer Alt-Wiener Küche. An lauen Sommerabenden ist es im Schanigarten sehr schön.

Dom Beisl

1010 Wien, Schulerstraße 4
Tel. 01/512 03 02, www.dombeisl.at
Mo–Fr 11.30–24 Uhr

Mittagsmenü | CC | Schanigarten für 28 Personen

Im Schatten des Stephansdoms war das alte Dom Beisl über Jahrzehnte eine der letzten Bastionen Alt-Wiener Beislkultur im Stadtzentrum. Das alte Beisl existiert nicht mehr, stattdessen gibt es jetzt das neue Dom Beisl, und diese Neuadaptierung ist sowohl optisch als auch kulinarisch vorzüglich gelungen.

Gasthaus Pfudl

1010 Wien, Bäckerstr. 22, Tel. 01/512 67 05, www.gasthauspfudl.at
täglich 10–24 Uhr

Mittagsmenü | CC | Schanigarten für 70 Personen

Schräg vis-à-vis der alten Universität und der Jesuitenkirche gelegen, hat sich das Pfudl seine beisltypische Atmosphäre erhalten. Die Küche gibt sich modern wienerisch.

Plachuttas Gasthaus zur Oper

1010 Wien, Walfischgasse 5–7
Tel. 01/512 22 51, www.plachutta.at
täglich 11–0.30 Uhr

Monatsspezialitäten | CC | Gastgarten für 150 Personen

Neuester Zugang im Plachutta-Imperium. Die Küche stellt das Wiener Schnitzel vom Kalb sowie die Klassiker der Wiener Küche in den Mittelpunkt.

Weibel's Wirtshaus

1010 Wien, Kumpfgasse 2
Tel. 01/512 39 86, www.weibel.at
täglich 11.30–24 Uhr

Tagesteller | CC | Schanigarten für 30 Personen

Teil der Weibel'schen Dreifaltigkeit, die aus dem Vis-a-Vis, dem Weibel 3 und dem Wirtshaus besteht. Die Kumpfgassendependance bietet verfeinerte Wiener Küche auf hohem Niveau.

Zum Scherer

1010 Wien, Judenplatz 7, Tel. 01/533 51 64, www.zumscherer.at
Mo–Sa 11–24 Uhr, Fei geschlossen

Tagesteller | CC | Schanigarten für 80 Personen

Gelungene Mischung aus Wiener Beisl und Restaurant, und das noch dazu auf einem der schönsten Plätze in der Wiener Innenstadt.

Leopoldstadt und Landstraße

Entstanden ist die heutige Leopoldstadt aus einer kleinen Inselgruppe in der damals noch unregulierten Donau gegenüber dem Roten Turm. Bis heute hat sich der Inselcharakter erhalten. Die Geschichte der Leopoldstadt weist viele dunkle Seiten auf. Aber auch Lustbarkeit, Unterhaltung und berühmte Wirtshäuser haben hier seit langem Tradition – legendär waren die Vergnügungslokale rund um den Prater, wie das berühmte Odeon, das Leopoldstädter Theater oder das Sperl. Die Ära dieser Lokale ist schon lange Geschichte, heute hat der zweite Bezirk aber zumindest noch einige alte Beisln und mit dem weltberühmten Schweizerhaus findet sich ein Gasthaus, das noch ein wenig in der Tradition der alten Vergnügungsetablissements steht.

Die Landstraße ist nach einer Straße, der Landstraßer Hauptstraße, benannt. Ende des 14. Jahrhunderts bestand der kleine Vorort vorwiegend aus einer Straße; bis 1480 hatte die Ansiedlung noch keinen Namen und wurde „Vor dem Stubenthor", „An der Landstraß" oder „Bei St. Nikolai" genannt. Aber schon zu Beginn des 18. Jahrhunderts standen hier die Sommerpalais zahlreicher Adelsfamilien und heute ist der dritte Bezirk ein gefragter Wohnbezirk. Auch gastronomisch wird einiges geboten. Mit GmoaKeller, Stadtwirt, Wild und Herlitschka wird hier gleich an mehreren Orten gezeigt, wie unterschiedlich und erfolgreich das „neue" Wiener Wirtshaus sein kann.

Typische Nordpolmotive

Gasthaus Am Nordpol 3

1020 Wien, Nordwestbahnstraße 17/Ecke Nordpolstraße 3
Tel. 01/333 58 54, www.amnordpol3.at, Montag bis Freitag 17 bis 24, Samstag, Sonntag, Feiertag 12 bis 24 Uhr
❁ Schanigarten für 80 Personen

Wenn man es nicht besser wüsste, könnte man meinen, der Chef des Nordpol wäre in seinem früheren Leben ebendort Postbote und „Am Nordpol 3" seine Lieblingszustelladresse gewesen, vielleicht wohnte ja dort die Eskimofrau, die den aparten, zartkalten Nasenreiberkuss so einmalig beherrschte. Am Nordpol 3 ist wohl der absurdeste Name für ein Wiener Lokal, schon wieder so ein Name, denkt man, wo einem eher Berlin als Wien und unwillkürlich eiskaltes Eskimobier, gepökelter Walfisch und Eisbärfelle in den Sinn kommen.

In Wien am Nordpol ist natürlich alles anders. Etwa um dieselbe Zeit, als zum ersten Mal seit fünfzig Millionen Jahren das Eis am Nordpol auftaute, wurde in Wien-Leopoldstadt das Gasthaus Am Nordpol 3 eröffnet. Vratislav Krívák, der zuvor schon jahrelang den Wienern gezeigt hat, was die so oft zitierte böhmische Küche wirklich kann – wo der böhmische Hammer hängt –, hat hier ein altes, großes und sehr abgewohntes oder vielleicht besser abgetrunkenes Wirtshaus, das schon einige Zeit leer stand, von Grund auf mit neuem böhmischen Leben erfüllt und ihm seinen schönen und einmaligen Namen verpasst. Am Nordpol 3 in der Leopoldstadt bei Briyndzové halušky (Brimsennockerln) und Bier zu sitzen hat auch etwas Literarisches, und es gibt sicher irgendwo eine dunkle böhmische Kurzgeschichte, in der genau das geträumt wird: mit einem traurigen Eisbären auf ein Bier zu gehen in ein Wirtshaus mit bunten Bildern von üppigen Frauen – und wenn nicht, schreibt sie bald wer.

Frau Liesl's Tipp

Hülsenfrüchte schnell weichkochen: dem Kochwasser etwas Natron zusetzen. Nicht salzen!

Der Nordpol in Wien war von Anfang an sehr beliebt – und ist es bis heute bei Studenten, Szenemenschen und Nachbarn, also bei allen. Das liegt an der Einrichtung und der Atmosphäre, wo an vielen Ecken und Enden noch das alte Gasthaus zum Vorschein kommt, und am netten Gastgarten, aber vor allem am böhmischen Bier und der böhmischen Küche, die hier geboten wird.

Keine Spur von Walfischen oder Eskimobier, stattdessen gibt es den herrlichen Gerstensaft „Velkopopvicky Kozel – der Ziegenbock aus Großpopowitz" und die wahrscheinlich beste böhmische Wirtshausküche im gesamten Nordpolarmeer und in der Wienerstadt sowieso: Grammelknödel mit Sauerkraut, Kuttelflecksuppe, faschierter Braten, Rahmgulasch, Schwarzbrottoast mit Markscheiben, Bauerngeselchtes mit Znaimer Gurkerln und köstliche Mehlspeisen. Alles schwer und gehaltvoll und hervorragend.

Sehr selten verirren sich auch einige Eskimopaare hierher, die küssen sich dann aber meist auf die auch für die Leopoldstadt traditionelle Art: französisch oder gar nicht.

Im Inneren des Nordpol-Iglus

Gasthaus Hansy

1020 Wien, Heinestraße 42, Tel. 01/214 53 63, www.hansy-braeu.at

täglich 9 bis 23 Uhr

Mittagsmenü | CC | Schanigarten für 120 Personen

Seit Jahrzehnten ist das Gasthaus Hansy am Praterstern ein Orientierungspunkt geografischer wie gastronomischer Art.

Die Atmosphäre im Gasthaus Hansy ist schon lange so unverwechselbar typisch wie seine auffällige Architektur: das gründerzeitliche Eckhaus ist über das ganze Erdgeschoß mit grüntürksblauen Kacheln verkleidet und damit schon von weitem gut sichtbar. Sicherheitshalber ist auch der Schankraum noch gekachelt worden, was das Innere zum Äußeren und auch dort die Orientierung leichter macht und immer wieder Anlass bietet für philosophische Betrachtungen à la „Der Innenraum als Außenraum des Innenraums" oder so ähnlich, je nach vorangegangener Konsumation.

Ganz und gar unphilosophisch geht es aber zu, wenn die neue Platzgestaltung des Pratersterns diskutiert wird. Was hier einem innerstädtischen, einst beeindruckenden Platz angetan wurde, lässt selbst den abgebrühtesten Beislgeher nicht kalt. Es kommt schon vor, dass der eine oder andere Gast, gerade pflichtbewusst auf dem Heimweg, kurz vor der Gasthaustür noch einmal kehrtmacht, sich zur Schank wendet und sagt: „Geh, gib man no a Achterl, sonst ertrag i des ned, was de baut ham, mit ihre überdimensionierten Vuhrhangstangerln.

Das Gasthaus Hansy, seit Jahrzehnten ...

... ein Fixpunkt am Praterstern

Der Platz und der neiche Bahnhof san hin, und des für die nächsten ochzg Joahr."

In der Tat ist nur schwer nachvollziehbar, was da rund um den Praterstern und das ehrwürdige Tegetthoff-Denkmal geplant und dann leider auch gebaut wurde. 1886, am 29. September, wurde das Tegetthoff-Denkmal am Praterstern feierlich enthüllt. Aus luftiger Höh – als Piedestal für die dreieinhalb Meter hohe Statue dient eine elf Meter hohe Marmorsäule – schaut seither Admiral Tegetthoff auf den Praterstern und den ihn umkreisenden Verkehr herunter. Sehr lange blickt er dabei schon auf das heutige Gasthaus Hansy: im Sommer in den einladenden Schanigarten und im Winter in die hell erleuchteten Gaststuben. Wenn es stimmt, dass ein Seemann einen „Durst hat wie ein Fisch", dann muss es dem ehrwürdigen Admiral oft beklemmend eng um die bronzene Gurgel werden, wenn er hinunterschaut auf ein im Hansy frisch gezapftes „Hansy-Bräu-Bier", eine eigens für das Hansy abgefüllte Spezialmischung. Und wenn dem Admiral oder einem Gast nicht nach Bier ist, dann kann es einer der zahlreichen Wiener Weine sein, die hier in großer Auswahl angeboten werden. Die Küche bietet dazu Klassisches wie Knödel mit Ei, Schweinsbraten, Bauernschmaus, Krautfleisch, geröstete Leber oder ein richtiges Wirtshausgulasch und vor allem immer auch saisonalen Spezialitäten wie im November die Gans in vielfältiger Form oder etwas früher im Jahr den Maibock, Spargel oder Eierschwammerl, irgendeine Saison ist immer. Und wenn der Weg nur nicht so beschwerlich wäre, Admiral Tegetthoff würde herunter ins Hansy kommen, sich an einen Tisch setzen und hier so lange verweilen, bis die unselige Platzgestaltung wieder der Vergangenheit angehört. Das könnte allerdings lange dauern.

Möslingers Speisesaal

Gasthaus Möslinger

1020 Wien, Stuwerstraße 14, Tel. 01/728 01 95
www.gasthausmoeslinger.at, Dienstag bis Samstag 10 bis 23, Sonntag, Feiertag 10 bis 15 Uhr (Juli bis August Montag bis Samstag 10 bis 14.30 und 17.30 bis 23 Uhr, Feiertag geschlossen)

Mittagsmenü | CC | Schanigarten für 30 Personen

Nicht mehr lange, und das Stuwerviertel wird sich so entwickeln wie der Karmelitermarkt, und viele werden dann einstimmen in den altbekannten Chor der „Hätt-ma-nur". Ja, hätte man nur, aber jetzt ist es ohnehin zu spät, die Grundstückspreise sind schon lange dort angekommen, wo dem Chor nur mehr die Klage bleibt. Wenn es aber jemanden gibt, der, wenn alle ins Stuwerviertel wollen, immer schon da gewesen ist, dann ist das das Gasthaus Möslinger. Das war nicht nur immer schon da, sondern hat sich auch um das Stuwerviertel bemüht.

In der früher sehr eindeutigen Umgebung von Erotikshops, Nachtbars und kleinen Gassenlokalen, aus denen junge Mädchen den Passanten keck und auffordernd zulächelten, ist das von außen recht unscheinbare Gasthaus Möslinger eine Ruhepol heimischer Gastlichkeit und auch schon als „Genusswirt" ausgezeichnet worden. Dass bei der Einrichtung und Dekoration hin und wieder etwas durcheinandergeraten ist und hier unterschiedliche Stile aufeinandertreffen, stört kaum, der Wunsch nach Harmonie überwiegt in der Küche ebenso wie auf der Karte.

Ein zentraler Schankraum mit großer Schank und, laut Aufschrift, „Rosa-Kühlung" empfängt den Gast, der sich ein Glas im Stehen genehmigt oder sich in den Gastraum oder den Extrasaal weiterleiten lässt und im Sommer im Schanigarten Platz nimmt. Mit seinen unterschiedlichen Einrichtungsepochen wirkt das Gasthaus sogar irgendwie zeitlos. Wie zum Trotz tragen die Kellner Lederhosen und signalisieren, dass hier nicht nur urban, sondern auch rustikal den anstehenden Veränderungen die Stirn oder das Knie geboten wird.

Genusswirt Josef Taudes

Das Lokal ist gut gerüstet für alle möglichen gastronomischen Anlassfälle und Herausforderungen, von ganz kleinen bis zu großen Familien- oder anderen Feiern. Wirtshaus und Küchenkultur werden hier hochgehalten, das sieht man an der Karte, merkt man in der Küche und wird mit Fachbüchern, die im Gastraum platziert sind, belegt: „Delikatessen aus Unkräutern", „Pilzatlas" oder „Wirtshausgehen".

Neben traditioneller Hausmannskost stehen hier vor allem Waldviertler-Teichfisch-, Grill- und Wildspezialitäten auf der Karte. Jeden Samstag gibt es ofenfrischen Schweinsbraten mit Erdäpfelknödel und Salat. Übers Jahr verteilt werden Spargelwochen, Osterdinner, Muttertagsessen – und was sich sonst so anbietet – veranstaltet. Der Wein dazu stammt von Winzern aus der Steiermark, dem Wagram, dem Weinviertel und dem Burgenland.

Hin und wieder wird eine neue Golftrophäe in dem Eck präsentiert, das früher vielleicht der Herrgottswinkel war.

Karl Kolarik's Schweizerhaus

1020 Wien, Prater 116, Tel. 01/728 01 52, www.schweizerhaus.at

15. März bis 31. Oktober täglich 11 bis 23 Uhr

Gastgarten für 1500 Personen

Der Frühling in Wien hat erst dann wirklich begonnen, wenn das erste Budweiser im riesigen Garten des Schweizerhauses getrunken ist. Und weil der Frühling ja gerade erst kommt und weil er lange dauern soll, erst recht der Sommer, folgen dem ersten gleich noch einige weitere Krügerln hinterher. Wenn dann von Ende Oktober bis Mitte März das Schweizerhaus wieder geschlossen hat, ist es auch mit dem Sommer in Wien wieder eindeutig vorbei für diese Saison.

Hier ändert sich Gott sei Dank nichts, nur scheint der Garten des Schweizerhauses von Jahr zu Jahr etwas zu wachsen, möglicherweise handelt es sich ja hier um ein expandierendes Universum, das sich seit dem ersten Bieranstich in alle Ewigkeiten in die Wiener Wirtshausgalaxie erweitert, den zahlreichen Gästen wäre das ganz sicher recht. Das heilige Schweizerhaus: Was den Münchnern ihre unzähligen Biergärten, ist den Wienern ihr einzigartiges Schweizerhaus,

Man at work

und damit auch jeder reinkann, der reinwill, um sich am besten offenen Bier der Stadt, den legendären Stelzen, Radi und Grillhendln und Rohscheiben zu laben, breitet es sich eben jedes Jahr noch ein bisschen aus und wird größer und größer und größer, grad ebenso wie der Durst des Münchners im Himmel, nur eben auf Erden und hoffentlich immerdar, Amen, zum Wohl.

Neben den berühmten Stelzen stehen Szegediner Krautfleisch, Prager Kuttelflecksuppe, Spiegelkarpfen, Wiener Schnitzel, Cevapcici, Backhendl, Powidltascherln und viele weitere Spezialitäten der Alt-Wiener Küche auf der Karte. Da das Lokal riesig und das Angebot umfangreich ist, sind auch die Portionen entsprechend dimensioniert.

Frau Liesl's Tipp
Forellen drei bis vier Tage frischhalten: gleich ausnehmen, mit Essig begießen und sofort in Brennnesseln legen.

Eine Spezialität im Schweizerhaus sind die Rettiche. Sie werden mit „Kolarik's Radimat, dem Weltpatent aus dem ‚Schweizerhaus' im Wiener Volksprater" zu hauchdünnen Spiralen geradelt. Eine weitere Erfindung, von der wir nicht wussten, dass sie in Wien ersonnen wurde, stammt aus dem Schweizerhaus: „Karl Kolarik sen. hat hier 1923 die bei uns als ‚Rohscheiben' bezeichneten Kartoffelchips erfunden" (Gasthausprospekt). Hört, hört – wir waren jahrzehntelang der Meinung, das müsste die Tat des Herrn Kelly gewesen sein, der ja bekanntermaßen einige Jahre später eine ebenfalls nach ihm benannte Musikgruppe gründete.

Bis in das Jahr 1766 lässt sich die Geschichte des Schweizerhauses zurückverfolgen, schon damals trug es den Namen „Zur Schweizer Hütte". Schweizer Jagdtreiber, die dort die Herrschaften bewirteten, sollen die Namensgeber gewesen sein. Und nicht Deserteure der Schweizergarde, wie hin und wieder behauptet wird, die der Durst weg vom Papst und hin nach Wien gerieben haben soll. Nach einer wechselvollen Geschichte mit Namen wie „Zum russischen Kaiser" oder „Schweizer Meierei" wurde das Schweizerhaus 1920 schließlich von Karl Kolarik übernommen und der Grundstein dafür gelegt, was das Schweizerhaus heute ist: eine Wiener Institution. Die Familie Kolarik führt das Schweizerhaus in diesem Sinn nach wie vor und hoffentlich noch lange.

Einkehr ein garantierter Sieg

Gasthaus Zum Sieg

1020 Wien, Haidgasse 8, Tel. 01/214 46 53, April bis August täglich 10 bis 14 und 17 bis 24 Uhr, September bis März täglich 10 bis 24 Uhr

🍴 Mittagsmenü

„Der Sieg", wie das Gasthaus Zum Sieg von seinen Gästen genannt wird, ist eines jener Lokale, die man sich vorstellt, wenn man jemandem zu erklären versucht, was ein Wiener Beisl sein kann und sein soll – was schlecht geht. Denn was ein Beisl ist, kann letztlich nur durch den Besuch eines solchen festgestellt werden, am besten, man geht gleich ins Sieg.

Einer muss der Beste sein. Im von Gast- und Wirtshäusern gesegneten zweiten Bezirk ist das beste Wiener Beisl das Gasthaus Zum Sieg. Hier stimmt alles. Die klassische Einrichtung, die freundliche Schank, die Wirtsleute, die Gäste und die Atmosphäre. Hier ist auch die Heimat des weltbesten Gulaschs dies- und jenseits des Donaukanals.

Das Sieg hat auch Kurioses zu bieten, etwa den weltkleinsten Schanigarten der Stadt „über die Gasse": ein Heurigentisch mit zwei Bänken vis-à-vis vom Lokal, an der Haidgasse.

Der Name „Zum Sieg" ziert das Wirtshaus schon seit 1828, in Erinnerung an die erste Niederlage Napoleons in Aspern 1809. Erzherzog Karl, der Sieger der Schlacht, prangt seither auf dem Hauszeichen.

Bis ins Jahr 1632 reicht die Geschichte des Wirtshauses zurück. Damals wurde an dieser Adresse, im damaligen Ghetto, ein Gebäude erwähnt. 1683 wird es während der Türkenbelagerung niedergebrannt und befindet sich für kurze Zeit im Besitz des berühmten Georg Kolschitzky, seines Zeichens Spion, Geheimagent und der Legende nach Wiens erster Kaffeesieder. Seit 1779 beherbergt die Haidgasse 8 ein

Wirtin Christine mit treuem Gast

Gasthaus, ehedem mit dem schönen Namen „Zur goldenen Artischocke“, benannt nach dem neuartigen Gemüse, das im 17. Jahrhundert in Wien erstmals in diesem Haus gehandelt wurde. Später bleibt das Wirtshaus wegen zahlreicher Raufhändel, die in der Roßauer Kaserne stationierte Bosniaken anzetteln, bis zum endgültigen Lokalverbot für Militärs „polizeinotorisch und aktenkundig“.

Davon ist heute natürlich schon lange keine Rede mehr, hier wird bestenfalls etwas lauter „schmähgeführt“ beim Kartenspielen, beim Fußballkommentieren und überhaupt.

Täglich gibt es ein Menü oder, wenn das hervorragende Gulasch zur Neige geht, zumindest Würstel mit Saft. Freitagmittag ist das Lokal immer bis auf den letzten Tisch gefüllt, da steht gebackener Fisch auf der Karte. Für „zwischendurch“ gibt es dann und wann die früher so typischen, heute im Wirtshaus leider immer seltener anzutreffenden warmen „Fleischlaberln“ im Büfett an der Schank.

Regelmäßig treffen sich die Freunde des Wienerlieds im Extrazimmer zur Probe, und leider viel zu selten wird einer der legendären Vinylabende veranstaltet, selbstverständlich hat hier auch ein Sparverein seinen Sitz. Das Sieg ist in Wirklichkeit eine große Familie mit vielen, oft sehr unterschiedlichen Mitgliedern. Und wenn einer der Gäste dann einmal endgültig vom Stammtisch abberufen werden sollte, ist es Ehrensache, dass für einen Kranz gespendet wird und eine Delegation aus Gästen und Wirtsleuten sich aufmacht, ihn auf dem letzten Gang zu begleiten. Nachbesprechung im Beisl inklusive: „Des hätt er a so woilln!“

Sollte es einmal das Sieg nicht mehr geben – Gott bewahre –, dann ist das schon vor vielen Jahren befürchtete Beislsterben endgültig Tatsache geworden. So lange es aber Lokale wie das „Zum Sieg“ gibt, lebt das Wiener Beisl, hoffentlich bis in alle Ewigkeit, Amen zum Wohl!

Zum Friedensrichter

1020 Wien, Obere Donaustraße 57, Tel. 01/214 48 75

www.zum-friedensrichter.at, Montag bis Freitag 8 bis 23 Uhr

Mittagsmenü

Während Friedensrichter in Deutschland oder in der Schweiz für die Schlichtung von Rechtsstreitigkeiten zuständig sind und jene in den USA Trauungen vornehmen, geht es beim Wiener Friedensrichter in der Leopoldstadt weniger förmlich, dafür umso gemütlicher zu. Obwohl die Beschreibung eines idealtypischen Friedensrichters – „aufmerksam blickt er seinem Gegenüber in die Augen, hört zu, ohne zu unterbrechen. Man merkt sofort: er hat viel mit Menschen zu tun, schwierige Situationen meistert er mit Ruhe, Überlegung und Humor" (Beate Diederichs, freie Journalistin) – ja durchaus der Beschreibung eines idealtypischen Wirtes gleichkommt. „Zum Friedensrichter" ist ein schönes altes „Eckwirtshaus", das den Gast im klassischen Schankraum empfängt, von wo es in die Gastzimmer geht. Seit Jahren wirkt das freundliche Gasthaus wie frisch renoviert, was wohl daran liegt, dass hier besonderer Wert auf die Erhaltung der typischen Wirtshauseinrichtung und -atmosphäre gelegt wird. „Zum Friedensrichter", das klingt auch friedvoll, entspannt und einladend. Anstelle einer Friedenspfeife wird beim Friedensrichter in Wien allerdings Wein aus dem Burgenland oder dem Weinviertel oder Budweiser Bier gereicht, das ist besser, gut verträglich und leichter dosierbar.

Der Speisesaal im Friedensrichter

Der junge Chef Dieter Gottwald in Amt und Würden

Klassisch wie das Wirtshaus ist auch die Küche, die vom Wiener Suppentopf über Leberknödelsuppe, geröstete Knödel mit Ei, Schnitzel, Fiakergulasch, Schweinsbraten, Zwiebelrostbraten bis zum Mohr im Hemd oder der Marillenpalatschinke alles bietet, was den Beislfreund erfreut. Selbstverständlich gibt es auch das Martinigansl, die Eierschwammerl, Spargel oder Wildgerichte zur Saison.

In der unmittelbaren Nachbarschaft befindet sich das Bundesamt für Eich- und Vermessungswesen. Man kann sich hier also darauf verlassen, dass im Krügerl ein Krügerl und im Achterl ein Achterl ist und auch das Schnitzel in Form und Größe und vor allem in der Qualität dem geeichten österreichischen Geschmack entspricht.

Eigentlich schade, dass es das ehemalige Espresso Wally, auch bekannt unter dem sprechenden Namen „Kaffee Händehoch", nicht mehr gibt, es war über viele Jahre in der Schiffamtsgasse ein kurioses Pendant zu Eichamt und Friedensrichter.

Der Friedensrichter ist ein Lokal, das viele Stammgästen zu seinen Besuchern zählt, und es ist auch eines jener Lokale, wo man sich selbst gerne einen Stammtisch mit Freunden einrichtet – ein sicherer Hafen am Donaukanal und damit so etwas wie ein Freund unter den Wirtshäusern, und das ist ja auch recht fein.

Jetzt, wo der Bau der U2, der jahrelang den Gastbetrieb eingeschränkt hat, abgeschlossen ist, ist der Friedensrichter wieder und erst recht ein freundliches und einladendes gastronomisches Tor in die Leopoldstadt, Dank der U2 mit hervorragender Verkehrsanbindung, gut für Gast und Wirt.

An der Schank im Wirtshaus mit Geschichte

GmoaKeller

1030 Wien, Am Heumarkt 25, Tel. 01/712 53 10, www.gmoakeller.at

Montag bis Samstag 11 bis 24 Uhr, Feiertag geschlossen

Mittagsmenü | CC | Schanigarten für 80 Personen

Der GmoaKeller war einmal ein legendäres Lokal und ist es seit langem wieder. Legendär seiner Besitzerinnen wegen, deren Charme und vor allem deren Küche, vor allem wegen der Innereien und hier wiederum wegen der gerösteten Leber, ihresgleichen in Wien suchte. „Wer Frau Novak und ihre geröstete Leber nicht kennt, kennt Wien nicht."

As time goes by, hat sich auch im GmoaKeller alles und trotzdem fast nichts geändert. Die legendäre Wirtin ist nicht mehr, der GmoaKeller wurde mit dem Jahrtausendwechsel neu übernommen. Und doch hat sich das Flair des alten Gasthauses erhalten, so, als schwebte ein guter Gasthausgeist über dem Lokal, und das seit inzwischen mehr als 150 Jahren.

Die Bezeichnung „Keller" war für den GmoaKeller schon immer etwas irreführend, denn er liegt zwar unterhalb des Niveaus des Heumarktes, ist deswegen aber noch lange kein Keller. Obwohl es auch einen Keller gab, in dem in den Jahren nach dem Zweiten Weltkrieg Größen wie Joe Zawinul und Fatty George jammten und Hans Kollers Hot Club Vienna sein Domizil hatte.

Seit 2010 hat der GmoaKeller auch wieder einen Keller, der gastronomisch genutzt wird und für Veranstaltungen gebucht werden kann. Die Gestaltung übernahm ein junges Architektenteam, das sich damit einige Anerkennung erarbeitete.

Vor allem aber ist der GmoaKeller ein ganz besonderes Gasthaus, eines, wie man es sonst kaum mehr findet, und das ist wohl zu einem Gutteil der Familie Laskowsky, den heutigen Betreibern, zu verdanken.

Die Einrichtung ist absolut klassisch und weitestgehend unverändert. Schankraum, Gast- und Extrazimmer haben viel von der ehemaligen Atmosphäre des Wirtshauses erhalten, und man spürt unmittelbar, dass das Lokal eines der ältesten Wirtshäuser der Stadt ist. Der GmoaKeller hat in seiner langen Geschichte schon viel erlebt, und wenn die Wände sprechen könnten, könnten wir hier wohl tagelang staunend den Schilderungen des Wirtshauslebens lauschen. Stattdessen wird die Geschichte auf der Homepage professionell aufbereitet, und seit kurzem gibt es auch einen eigenen Wikipedia-Eintrag, ganz schön hip für so ein altes Gemäuer, das jahraus, jahrein auch Location für die niemals endende Geschichte „Das Leben in den Wirtshäusern von Wien" ist und auch eine Location für die Dreharbeiten des legendären Films „Der Bockerer" von Franz Antel war.

Aber alt und ehrwürdig allein genügt nicht, die Qualität ist es, auf die es ankommt. Und die kommt hier immer zuerst. Kein Wunder also, dass der GmoaKeller zum „Wirt des Jahres 2012" gewählt worden ist.

Mit Rindssuppe und Leberknödeln, selbstverständlich der gerösteten oder gebackenen Leber, dem Wiener Zwiebelrostbraten, Kalbs-Wienerschnitzel, Tafelspitz, Blunzengröstl oder Zwischendurchklassikern wie Sacherwürsteln, Debreczinern und natürlich einem Rindsgulyas mit Salzerdäpfeln und so weiter und so fort soll Wien hier so bleiben, wie es ist, zumindest für die nächsten 150 Jahre.

Klassisch der Speisesaal

Gastwirtschaft Herlitschka

1030 Wien, Traungasse 1, Tel. 01/713 43 81, www.herlitschka.at

Montag bis Freitag 10 bis 24, Samstag 17 bis 24,
Sonntag und Feiertag 11 bis 24 Uhr

Mittagsmenü | CC | Schanigarten für 55 Personen

Ein Umzug ist oft mit großen Veränderungen verbunden, nicht immer sind diese Veränderungen positiver Natur. Besonders schwierig aber wird es, wenn ein Wirtshaus umzieht und trotzdem das bleiben soll, was es einmal war. Dem Gasthaus Herlitschka ist das besonders gut gelungen. War schon das „alte“ Herlitschka in der Marokkanergasse ein wunderbares Wirtshaus-Kleinod, mit einer sehr gasthausmäßigen Einrichtung und einer Atmosphäre, die eben nur ein echtes Gasthaus verbreiten kann, so ist das neue Herlitschka in der Traungasse das alles und noch mehr. Das Herlitschka am neuen Standort, nur ein paar Katzensprünge vom alten entfernt, machte vom ersten Tag an den Eindruck, als hätte das Lokal schon immer hier bestanden. Das liegt auch daran, dass wesentliche Teile aus dem alten Lokal mitübersiedelt werden konnten, allem voran die herrliche Bretschneider-Schank. Und dann liegt es natürlich auch daran, dass das Herlitschka als Familienbetrieb

Frau Liesl's Tipp
Milch auf Echtheit prüfen: Milch auf Echtheit prüfen: eine Stahlstricknadel in die Milch tauchen. Bleibt keine Spur von Milch an der Nadel, ist sie mit Wasser vermengt.

Die Bretschneider-Schank, der Stolz ihres Besitzers

Ein klassisches Beisl wie eh und je

geführt wird, wo man besonders darauf achtet, was im Namen der Familie geboten wird.

Es kocht der Chef – und der kocht gern und gut – Wiener Küche mit hin und wieder Ausflügen in andere Regionen und mit saisonalen Schwerpunkten. Der Wein kommt vom Weingut Markowitsch, dem Bierfreund wird eine schöne Auswahl feiner Biere geboten, etwa Puntigamer, Murauer, Schremser Bio-Roggenbier oder Paracelsus Zwickl von Stiegl.

Und dann wäre da noch der ganz außerordentliche Schanigarten des Herlitschka, der in seiner Form einzigartig ist. Nirgendwo sitzt man so wunderbar unter Arkaden, sozusagen im Freien und doch unterm Dach, wie beim Herlitschka. Der Schanigarten ist nicht nur besonders schön und im besten Sinn städtisch, sondern auch dann noch geöffnet, wenn alle anderen Schanigärten regenbedingt geschlossen sind. Möglich wird das dadurch, dass der Schanigarten in einem arkadenartigen Durchgang von der Traungasse zur Salesianergasse liegt. Eine Art der Straßenüberbauung, wie man sie in Wien ganz selten sieht. Es ist eben ein ganz besonderes Grätzel hier, und da passt auch ein ganz besonderes Wirtshaus wie das Herlitschka her. Dass das Herlitschka auch am Sonntag geöffnet hat, wissen indes nicht nur die Bewohner des Grätzels um die Salesianergasse zu schätzen.

Gasthaus Schmitzberger

1030 Wien, Nottendorfer Gasse 30, Tel. 01/798 91 68

Montag bis Freitag 9 bis 22 Uhr, Feiertag geschlossen

Mittagsmenü | Garten für 100 Personen

Was für eine Umgebung für ein Wirtshaus! Einerseits die Feuerwehr, das Rote Kreuz, das ehemalige Schlacht- und Fleischzentrum, heute Hauptquartier einer Großfleischerei, ein Tennis- und Sportcenter, ein paar Autohändler, andererseits, ein paar hundert Meter weiter, die Arena, wobei das Publikum der Arena nicht unbedingt zu den Stammgästen des Schmitzberger zählen dürfte. Und dann, nicht zu vergessen, an der Ecke Nottendorfer Gasse/Erdbergstraße das Zentralarchivgebäude des Österreichischen Staatsarchivs, eines der hässlichsten Gebäude der Stadt. Es ist anzunehmen, dass die Beamten auf die Zumutung, in einem derart scheußlichen Gebäude arbeiten müssen, mit regelmäßigen Besuchen beim Schmitzberger reagieren.

Im Schmitzberger treffen sich die Leute vor, während und nach der Arbeit zum Kaffee, Menü oder Feierabendbier.

Bei einer solchen Umgebung – Rettung und ehemaliges Schlachthofareal – ist es dann auch fast naheliegend, dass das Schmitzberger eine besondere Affinität zur Wiener Innereienküche hat. Ein Angebot, das nicht mehr ganz alltäglich ist. Nierndl, Hirn mit Ei, Beuschel, Kutteln und Kalbsbries. Wer es nicht so mit den Innereien hat, bestellt Schweinsbraten, Cordon bleu, ein Backhenderl oder ein anderes Ge-

Platz für den großen Ansturm …

... im freundlichen Wirtshaus

richt aus der umfangreichen Karte, immer mit der Gewissheit, dass das, was auf den Tisch kommt, immer auch in großen Portionen serviert wird.

Um den zahlreichen Gäste, die hier der wahren Hausmannskost und dem einen oder anderen Bier huldigen, genügend Platz zu bieten, ist das Wirtshaus auch recht groß angelegt, trotzdem ist es um die Mittagszeit – die Umgebung und ihre speziellen Bedingungen lassen es schon vermuten – recht voll. Im Sommer bietet der Gastgarten unter schattigen Bäumen zusätzlich Platz.

Wer sich als Insider zu erkennen geben möchte, nennt das Lokal hinter vorgehaltener Hand auch „Zum Grantigen", was auch ein origineller Name wäre, so nach dem Motto „Gemma heit zum Schmitzberger auf a Gordon und a Bier und schau ma, ob er heit eh wieder so grantig is".

Was der p.t. Insider beachten sollte, ist, dass der Grant im Wirtshausleben nicht auf das Schmitzberger beschränkt ist, vielmehr im wirklichen Leben als das Gütesigel des Wieners schlechthin gilt. Das ist für Nichtwiener zwar komisch, aber so ist es nun einmal. Also wenn irgendwo in Wien gegrantelt wird, dann wird in Wirklichkeit nur besonders „gewienert", was nicht heißt, dass der Gast unfreundlich behandelt wird.

Glücklich, wer hier seinen Stammtisch hat

Stadtwirt

1030 Wien, Untere Viaduktgasse 45, Tel. 01/713 38 28

www.stadtwirt.at

Montag bis Freitag 9 bis 24, Samstag und Feiertag 16 bis 24 Uhr

Tagestipp | CC | Schanigarten für 45 Personen

Lang Lang, bei diesem Namen denkt der heimische Beislfreund nicht vorrangig an den chinesischen Klaviervirtuosen, sondern ganz eindeutig an den Stadtwirt in Erdberg, der vom Ehepaar Lang geführt wird. Bedeutet bei Lang Lang der Vorname „Sonnenschein" und der Nachname „gebildeter Herr", so steht Lang + Lang beim Stadtwirt für beste Beisltradition und Wirtshausqualität.

Was vor etlichen Jahren im neunten Bezirk in der Porzellangasse im Wickerl begann und sehr gut funktionierte, reifte im Stadtwirt zur Perfektion. Vor inzwischen auch schon wieder etlichen Jahren sind die ehemaligen Betreiber des Wickerl, die mit ihrer engagierten und kompromisslosen Wirtshausküche nicht ganz unbeteiligt waren an der neuen Wahrnehmung des „Beisls", weitergezogen in den dritten Bezirk und haben dort den Stadtwirt innerhalb kürzester Zeit zu einem der wichtigsten und beliebtesten „Wirtshäuser" im Bezirk gemacht. Was den einen Nachteil hat, dass es praktisch nicht möglich ist, ohne vorherige Reservierung einen Tisch zu bekommen.

Dabei gibt sich der Stadtwirt als ganz klassisches Wirtshaus, mit einer Einrichtung, der man gut und gerne glauben möchte, sie wäre schon seit Jahrzehnten so, wie sie sich heute präsentiert. Ein Gasthaus, ein etwas feineres eben.

Die große Schank empfängt den Gast und leitet ihn nach links und rechts in den länglichen Gastraum, der ringsum mit Holz vertäfelt ist und an großen Tischen Platz bietet. Zwei einzelne Stehtische, an denen man gemütlich sitzt, sind oft die einzige Möglichkeit auf einen Platz ohne vorherige Reservierung. Die Karte bietet kleine Wirtshausgerichte und große Wiener Küche unter dem Titel „moderne Tradition", dabei gibt es auch ein Kranzerl Extra, Sacherwürstel mit Senf und Kren, Rindsgulasch, faschierte Laibchen, g'röste Nierndln, gekochtes Schulterscherzl, Sarma – serbische Krautrouladen – mit Petersilkartoffeln, gebackene und geröstete Leber und eine immer wechselnde Karte und „ambitionierte Trinkkultur".

Es kocht der Chef mit großer Freude und großem Können nach dem Motto „Freuen sich die Gäste, freut sich der Koch".

Veranstaltungen wie Silvesterfeier, Ostereiersuche, Heringsschmaus, Sautanz, Martiniganslessen, Frühschoppen und hin und wieder Livemusik bilden, schön über das ganze Jahr verteilt, zusätzliche Highlights.

Im Obergeschoß stehen zusätzliche Räumlichkeiten für eigene Festivitäten zu Verfügung.

Einzig der Schanigarten an der Unteren Viaduktgasse ist etwas aus der Art geraten, gebaut aus Bühnentraversen, die so ganz und gar nicht schanimäßig sind. Vielleicht ist das ja die Art des Stadtwirtes, uns darauf hinzuweisen, dass wir alle auch nur ephemere Geschöpfe sind, mit temporärer Lebensdauer. Bis es so weit ist, gehen wir aber noch lang lang zum Stadtwirt.

Eines der beliebtesten Wirtshäuser im Bezirk

Gasthaus Wild

1030 Wien, Radetzkyplatz 1, Tel. 01/920 94 77

täglich 9 bis 1 Uhr

Mittagsmenü | CC | Schanigarten für 120 Personen

„Kraft's Weinhaus Wild", was war das für ein Name, was für ein Wirtshaus, und eine schöne Geschichte. Stand doch der Großvater des vormaligen Betreibers der Erzählung für das bekannte Wienerlied „Das silberne Kanderl" Modell. Das Weinhaus mit dem großen Gastgarten am Radetzkyplatz, das je nach vorangegangener Betätigung oder unmittelbaren Vorhaben mitunter auch „Wein's Krafthaus Wild" genannt wurde, ist vor Jahren sehr gefühlvoll und ambitioniert zum Gasthaus Wild geworden, in dem eine wunderbare Mischung aus Alt und Neu, Tradition und Modern gelungen ist. Kraft und Weinhaus wurden gestrichen, was blieb, war „Wild", allerdings nur im Namen. Das „Wild" ist nämlich alles andere als wild, vielmehr ist es freundlich und einladend.

Die Einrichtung des alten Wirtshauses, vor allem die Schank mit den alten Kühlgeräten, wurde zum Großteil übernommen und adaptiert, die Holzvertäfelung der Wände von jahrzehntealter Farbe befreit und neu gestrichen, einige neue Wirtshausmöbel reingestellt und fertig war das, was an anderer Stelle schon einmal als Beislwunder bezeichnet wurde. Die alte Schank steht alles beherrschend im Raum. Der alte Holzboden und die zum Teil originalen Wirtshaustische

Zentraler Ort des Lokals, die Schank

Das Wild: ein Wirtshaus-Kraftort

schafften im neuen Wild von Anfang an eine angenehme Atmosphäre. War das alte Weinhaus Wild eher in Grün und Braun gehalten, gibt es im neuen nur eine bestimmende Farbe, und die ist Rot. Rot hat sich ziemlich ausgebreitet im Wild, was dem Lokal aber nicht schadet, vielmehr ihm eine ganz feine Note verleiht.

Die Stehtische im Schankraum sind nicht nur wichtig für den eiligen Gast, hier treffen sich auch noch Leute, die sicher schon im Weinhaus Wild ihre Achterln getrunken haben.

Frau Liesl's Tipp

Trockenen Braten vermeiden: Man soll nie mit der Gabel in den Braten stechen, weil dann der Fleischsaft austritt. Der Braten muss auch immer Oberhitze haben.

Die Küche – Menü, Tageskarte und saisonale Schwerpunkte, etwa das Martinigansl – ist mit dem alten Wirtshaus nicht mehr vergleichbar, sie bietet eine von den Gästen sehr geschätzte Mischung aus Wiener Klassik und zeitgemäßer Interpretation und Erweiterung dieses Erbes. Da das Wild ja einmal ein Weinhaus war, wurde auch das Getränkeangebot den neuen Standards angepasst.

Aus dem alten Klassiker ist so in kürzester Zeit ein beliebtes neues Beisl geworden, das schnell ein neues Stammpublikum gefunden hat und auch das alte behalten konnte. Neben den toll adaptierten Gasträumen ist nach wie vor, zumal im Sommer, der große Schanigarten das besondere Highlight des Wild. Und die regelmäßig wiederkehrende Scherzfrage, ob es im Wild auch Wild gibt, ist rasch beantwortet: ja, wenn Saison ist.

6 weitere Lokale in Leopoldstadt und Landstraße, die unbedingt besucht werden sollten:

Wohlmutstüberl

1020 Wien, Wohlmutstraße 23
Tel. 01/968 03 46, www.4-gast.at
Mo–Fr 10–23, Sa 10–17 Uhr,
Fei geschlossen
Mittagsmenü | Schanigarten für 30 Personen

Gut gepflegtes und erhaltenes altes Gasthaus im aufstrebenden Stuwerviertel.

Reinthaler

1020 Wien, Stuwerstraße 5
Tel. 01/726 82 82
www.gasthaus-reinthaler.com
täglich 10–23 Uhr
Mittagsmenü | Schanigarten für 60 Personen

Klassisches Wiener Mittagsbeisl.

Altes Jägerhaus

1020 Wien, Freudenau 255
Tel. 01/728 95 77
www.altes-jaegerhaus.com
Jänner bis Februar Mi–So 10–18, März Mi–So, Fei 10–23, April bis September täglich 10–23, Oktober bis Dezember Mi–So, Fei 10–23 Uhr
CC | schöner Gastgarten für 160 Personen

Idyllische Lage im grünen Prater mit Blick auf das Lusthaus. Im schattigen Gastgarten lässt sich bei Wiener und internationaler Küche so mancher heiße Sommertag hervorragend aushalten.

Kolonitz Beisl

1030 Wien, Bechardgasse 2
Tel. 01/713 81 93
Mo–Fr 10–23 Uhr, Fei geschlossen
Mittagsmenü | Schanigarten für 50 Personen

Schönes altes Gasthaus mit traditioneller Wiener Küche und saisonaler Speisekarte.

Gasthaus Seidl

1030 Wien, Ungargasse 63
Tel. 01/713 17 81
www.gasthaus-seidl.at
Mo–Fr 10–23 Uhr, Fei geschlossen
Mittagsmenü | CC | Schanigarten für 20 Personen

Wiener Küche kreativ und leicht verfeinert. Umfangreiche Weinkarte mit rund 300 österreichischen Weinen und 50 Spitzendestillaten und Edelbränden.

Winklers zum Posthorn

1030 Wien, Posthorngasse 6
Tel. 0664/431 21 23
www.winklers-zumposthorn.at
Mo, Fr 17–24, Di–Do 12–14.30 und 17–24 Uhr, Fei geschlossen
Mittagsmenü | Schanigarten für 50 Personen

Wunderschönes Uralt-Beisl mit klassischer Wiener Küche und saisonalen Spezialitäten.

Wieden und Margareten

Die Wieden gilt als die älteste Vorstadt Wiens und wurde bereits in der zweiten Hälfte des 12. Jahrhunderts urkundlich erwähnt.
Seit einiger Zeit macht der vierte Bezirk, das heißt vor allem die Gegend um die Schleifmühlgasse – das sogenannte Freihausviertel –, mit zahlreichen Galerien und Szenelokalen Furore.
Neben den vielen Lokalen, die seit Jahren kommen und gehen, finden sich auf der Wieden einige klassische Wiener Wirtshausikonen wie das Ubl oder das Sperl, die schon seit Jahrzehnten bestehen, und neue Wiener Wirtshäuser wie das Wolf, die auf ihre jeweils ganz eigene Art das Wesen des Wiener Beisls, des Wiener Gasthauses verkörpern und interpretieren.

Margareten hat seinen Namen vom ehemaligen Margaretener Gutshof (ab 1303 belegt), der später zum Schloss wurde. Heute zeugt das Schloßquadrat als kleines gastronomisches Reich, das unterschiedliche Lokale unter seinem Name vereint, von dieser Vergangenheit. In Margareten fanden sich aber auch historische Wirtshäuser etwa in der Gartengasse, das einst berühmte Gasthaus „Zu den zwei weißen Krügeln" des Franz Haydinger.
Obwohl Margareten ein recht kleiner Bezirk ist, ist die Wirtshausdichte recht ansehnlich. Da gibt es viel Altes und Traditionelles, aber auch Neues und Interessantes, das hat wohl auch mit der Lage und Dichte des Bezirks und den Ansprüchen der Bewohner zu tun.

Gut gelaunt im Wirtshaus

DAS Wirtshaus

1040 Wien, Johann-Strauß-Gasse 42, Tel. 01/503 15 56
www.daswirtshaus.com, Montag bis Freitag 17 bis 1 Uhr
Schanigarten für 30 Personen

Das Wirtshaus auf der Wieden – früher Gasthaus Eder – besteht seit mehr als hundert Jahren und wurde Mitte der 1990er-Jahre von den heutigen Betreibern übernommen.

Die Gattung als Namen für das Lokale zu wählen ist natürlich eine Vorgabe und zeugt von einigem Selbstvertrauen, so, als könne dort, an der Johann-Strauß-Gasse/Ecke Schelleingasse, das Muster für das Wiener Wirtshaus schlechthin gefunden werden. Auch wenn die heutigen Wirtsleute aus eher wirtshausfernen Berufen kommen, ist ihnen dieses Ansinnen sehr gut und nachhaltig gelungen.

Das Wirtshaus ist wirklich eines, mit allem, was dazugehört: einer Schank mit Stehtischen davor, einem an den Schankraum anschließenden Speiseraum und einem dahinter liegenden Extrazimmer. Die Einrichtung ist so, dass man ihr die langjährige Geschichte gern abnimmt, und vor dem Wirtshaus findet sich ein Schanigarten. Die Bedienung ist freundlich, das Angebot klassisch und abwechslungsreich.

In der Küche spielt immer wieder die steirische Herkunft der Chefin, die hier auch kocht, eine wesentliche Rolle, und hin und wieder schauen auch andere österreichische oder internationale Regionen in der Küche auf eine Spezialitätenwoche vorbei. Ganz und gar nicht beislmäßig sind die regelmäßigen Tapasschwerpunkte im Wirtshaus, die Stammgäste haben ihre Freude damit. Und noch eine Eigenheit entspricht nicht ganz dem Beisldurchschnitt: die Weinkarte. Die bietet nicht nur, wie zu vermuten, steirische Kreszenzen, sondern darüber hinaus auch italienische, spanische, französische und ungarische Spitzenweine. Küche und Keller und Atmosphäre und Wirtsleute wurden ob ihrer Qualität mehrfach ausgezeichnet, was etliche gerahmte Urkunden belegen.

Zahlreiche Fotos und Ansichtskarten an den Wänden zeugen von den vielen Freunden des Wirtshauses, darunter ein Bild des ersten und einzigen österreichischen Kosmonauten mit Glück- und Segenswünschen zur Eröffnung aus dem All. Auch nicht ganz von dieser Welt ist die einzigartige Katzenfigurenszenerie in der Theke. Dort, wo sich in anderen Beisln Mannerschnitten, Pischingertortenecken und Underberg ein Stelldichein geben, tummeln sich zahlreiche kleine Katzenfiguren, die eine der Interpretation des Gastes überlassene Theater- oder vielleicht auch Filmszene nachspielen.

Ganz in der Nähe des Wirtshauses befindet sich in sehr angenehmer Fußläufigkeit auch ein Studentenheim, wo sonntags gelangweilte Studentinnen im Fenster sitzen, Joghurt löffeln und sich so die Zeit vertreiben, bis das Wirtshaus an der Ecke am Montag wieder öffnet, denn fürs Leben lernen wir und nicht für die Uni, und wo ginge das besser als in einem klassischen Wirtshaus.

Extrazimmer des Lokals

Gastwirtschaft Rohrböck

1040 Wien, Rilkeplatz 7, Tel. 01/586 61 77

Montag bis Freitag 10.15 bis 23 Uhr

Tagesteller | Schanigarten für 30 Personen

Die Gastwirtschaft Rohrböck wird unter Freunden und Stammgästen kurz die „Gastwirtschaft“ oder, wenn es ganz schnell gehen soll, die „Gawi“ genannt. Ein anderes Lokal im vierten Bezirk nennt sich kurz und bündig „DAS Wirtshaus“. Es scheint, als hätte man hier auf der Wieden einen Hang zu einfachen und klaren Benennungen ohne Sperenzchen, aber auch ohne ungesunde Bescheidenheit. Die Gastwirtschaft jedenfalls hat schon seit Jahren bewiesen, dass sie diesen Namen zu Recht träg.

Qualität besteht im Fall der Gastwirtschaft Rohrböck schon seit Ende der 1920er-Jahre. Ganz kurze Zeit war die Gastwirtschaft oder das Rohrböck unter dem klingenden Namen „Mirimba-Bar“ bekannt – ein Etablissement, in dem Größen wie Karl Farkas, Ernst Waldbrunn und ihre Freunde verkehrten. Auch in der Gastwirtschaft Rohrböck haben schon etliche tatsächliche Größen verkehrt, meist waren das aber Mitglieder von Basketballclubs, ist doch der Wirt Hannes Rohrböck seit vielen Jahren im Wiener Basketballsport aktiv. Andere, meist kleinere Größen hatten und haben hier im Laufe ihres Studiums an der benachbarten Technischen Universität ihre großen Auftritte, bevor sie in die Welt entlassen werden, um ihre wahre Genialität unter Beweis

Klassischer Gastraum

Hannes Rohrböck bei der Arbeit

zu stellen oder sich ihren Aufgaben in der wenig belebenden Bedeutungslosigkeit eines Büros zu widmen – allerdings nicht, ohne alle paar Jahre wieder in schwärmerischen Ausbrüchen der wilden Vormittage, Nachmittage und Abende in der „Gastwirtschaft" zu gedenken. Das Traditionswirtshaus hat das alles schon so oft gesehen, die Geschichten vom Kommen und Gehen der Studenten, von Plänen und Schwüren, von Anfängen und Enden von Beziehungen, von beginnenden und schon wieder endenden Karrieren, dass damit ein wichtiger Aspekt der TU Wien abgedeckt werden könnte, ein interessantes Buch wäre es allemal. In der Gastwirtschaft finden auch Stammtische statt, die nicht nur die unmittelbaren gastrosophischen Erörterungen zum Inhalt haben, sondern sich durchaus auch technischen Aspekten widmen, wie der Verkehrsstammtisch des Scientific Network.

Das Rohrböck bleibt davon unberührt und bietet seit Jahrzehnten die ideale Bühne für Auf- und Abtritte jeder Art, und dabei sind die Studenten der TU nur ein Teil der Stammgäste, viele Freunde und Gäste der Gastwirtschaft haben ihren Weg hierher auch ohne den Umweg über die TU gefunden. Hin und wieder kommt auch ein Bernhardiner aus der im Nachbarhaus befindlichen tierärztlichen Ordination vorbei und lässt sich sein Fass nachfüllen, ob für sich oder einen der Tierärzte, verrät er nicht.

Die Einrichtung, die Schank und die Küche der Gastwirtschaft Rohrböck sind so klassisch wie traditionell und bleiben auch dann noch lange in Erinnerung, wenn andere Vorlesungsinhalte schon lange dem Vergessen anheimgefallen sind.

Die Portionen sind ausreichend

Restaurant Sperl

1040 Wien, Karolinengasse 13, Tel. 01/504 73 34
www.restaurant-sperl.at, Montag bis Donnerstag 11 bis 23,
Freitag bis Sonntag und Feiertag 11 bis 22 Uhr
Mittagsmenü | CC | Gastgarten für 120 Personen

Im sogenannten Diplomatenviertel auf der Wieden, fast in Rufweite zum Belvedere, ist das Gasthaus Sperl seit 1925 im Familienbesitz und wird bereits in der dritten Generation geführt. Diplomatenviertel und Belvedere ist per se ja nicht wirklich die ideale Umgebung für ein Wirtshaus. Trotzdem ist das Sperl seit langem ein Klassiker unter den Wiener Beislikonen, ein Gasthaus durch und durch und ein Beisl im besten Sinn. Vielleicht gehen ja auch Diplomaten als Ausgleich zu Galadiners und Arbeitsessen ganz gerne einmal in ein normales Wirtshaus. Das kulinarische Angebot im Sperl wäre dafür Anlass genug – noch dazu, wo dieses hier besonders typisch ist.

Die umfangreiche Speisekarte umfasst zahlreiche Gerichte und verlangt dem Gast bei der Auswahl einige Zeit des Studiums ab, wer sie alle testen will, sollte sich vielleicht in der näheren Umgebung einmieten. Zur besseren Übersicht ist die Karte in zahlreiche Kapitel unterteilt: „Salat Allerlei", „Aus dem Suppentopf", „Unsere Schmankerln", „Spezialitäten aus der Pfanne", „Alles aus dem Wasser", „Allerlei Gebackenes", „Spezialitäten vom Grill", „Hausgemachte Naschereien" und „Für unsere Kleinen".

In dem bald hundertjährigen Wirtshausleben hat sich natürlich auch einrichtungsmäßig einiges getan. Da findet sich Altes neben Neuem in naturgemäß unterschiedlichen Stilen, aber immer viel Holz. Der Schankraum, die Gaststube, die Einrichtung – Teile davon, wie der Eisschrank an der Theke, sind schon über hundert Jahre alt – und natürlich der wunderbare Hofgarten machen das Sperl zu einem der besten Beisln, nicht nur auf der Wieden. Vor allem der Garten! Geschmückt und strukturiert durch viele Lauben, wird der an sich kleine Hof zur Landschaft, die Mischung von altem Holz, Kies, abblätterndem Lack, Efeu und der oberhalb der Lauben auf den Balkonen zum Trocknen aufgehängten Wäsche ist ideal für „Sentimentalisten" oder ganz einfach für Freunde klassischer, unverfälschter Beislkultur. „Nur ka Schmoiz ned, nur ka Schmoiz."

Frau Liesl's Tipp

Karotten richtig putzen: niemals schaben, sondern im Wasser kräftig abbürsten, weil durch das Abschaben der gute Geschmack und viel Nährwert verlorengehen.

Man kann das Sperl natürlich auch fernab jeglicher Sentimentalität ganz einfach bei einem kühlen Bier oder einem Glas Wein genießen, alles andere kommt von selbst, zum Beispiel der fragende Gedanke, weshalb sich das Sperl „Restaurant" nennt, wo es doch ein so typisches Gasthaus ist.

Nach neunzigjährigem Bestehen beliebter denn je

Ubl – Zum guten Hirten

1040 Wien, Preßgasse 26, Tel. 01/587 64 37

Mittwoch bis Sonntag und Feiertag 12 bis 14 und 18 bis 24 Uhr

Schanigarten für 40 Personen

Schön, wenn es so viele beste Gasthäuser in einer Stadt gibt. Wie das Quell oder das Sieg, der Schilling oder das Weinhaus Hochmayer gehört auch das Ubl seit Beginn der Aufzeichnungen, das heißt, seit ernsthaft über Beisln in Wien berichtet wird, zu den besten und schönsten Lokalen der Stadt. Wobei es nicht wenige gibt, die dem Ubl, als gutes Gasthaus unter guten Gasthäusern, die Beislkrone aufsetzen möchten. Das kann man durchaus, es kommt aber eben auch darauf an, was man gerade sucht. In puncto Einrichtung und Atmosphäre gibt es tatsächlich nicht viele Gasthäuser, die so authentisch und beinahe schon respekt- und ehrfurchtgebietend vor der gelebten Geschichte sind wie das Ubl. Ein Gasthaus, wie es schöner kaum sein kann. Herrlich die alte Schank, der Kühlschrank mit den schweren Holztüren, der alte, geölte Holzboden, die dunklen Wandpaneele, die stabilen, großen Wirtshaustische, der mächtige Kanonenofen, der kleine Schanigarten an der Mühlgasse, eine Atmosphäre, die den Gast sofort für sich einnimmt. Hier sitzt man gerne, gut und lange. Das Ubl trägt auch den bildhaften Namen „Gastwirtschaft zum Guten Hirten". In diesem Ambiente und bei diesem Angebot ist man schnell versucht, den Psalm 23 (Hirtenpsalm) auf das Gasthaus Ubl umzumünzen: „Die

Die wunderschöne Schank …

… und der klassische Gastraum im Ubl

Wirtin ist meine Hirtin, mir wird es an nichts mangeln, sie erquicket meine Seele, sie schenket mir voll ein." „Wirtin" ist in diesem Fall nicht der in vorauseilendem Gehorsam gegenderte Wirt, wird doch das Ubl seit langem von Wirtinnen, zwei Schwestern, im Tagesrhythmus wechselnd geführt. Der Ubl ist schon seit über 120 Jahren eine Wirtshausinstitution auf der Wieden und erfüllt diese Aufgabe mit großer Sorgfalt, redlichem Bemühen und großem Erfolg.

Laut Richard Groners „Wien wie es war" (1919) hat die Pressgasse ihren Namen von einem alten Wirtshaus, dem „Zur großen Presse", das 1697 in der Nähe des großen Presshauses auf der Wieden stand, wo die Weinbauern der Umgebung ihre Trauben zum Pressen hinbrachten.

Ein wenig vom Geist dieser Tradition ist wohl auch auf das Ubl übergegangen, so leicht und selbstverständlich wird hier die Wiener Küche mit Schulterscherzel, steirischem Wurzelfleisch, Schinkenfleckerln, Zwiebelrostbraten, natürlich Gulasch und vielem anderem zelebriert und serviert. Innereien, Nierndl, Leber, Herz und Beuschel sind ein weiterer Grund für die zahlreichen Freunde des Ubl, sich hier gemütlich niederzulassen.

Es ist schon so: Kaum ist man im Ubl, spürt man, sieht man, riecht man förmlich, dass das hier das Original sein muss, eine Blaupause der Wiener Wirtshauskultur, sozusagen ein „Weltbeislkulturerbe".

Gasthaus Wolf

1040 Wien, Rienößlgasse 17/Ecke Große Neugasse 20
Tel. 01/581 15 44, gasthauswolf.at, Montag bis Samstag 17 bis 1,
Juli bis August Montag bis Freitag 17 bis 2 Uhr

Wie es sich für ein richtiges Wirtshaus gehört, ist das Gasthaus Wolf ein Ecklokal, gelegen an der Großen Neugasse/Ecke Rienößlgasse auf der Wieden. Da trifft es sich gut, dass Franz Rienößl, Realitätenbesitzer und von 1897 bis 1915 Bezirksvorsteher von Wien-Wieden, Sohn eines Gasthausbesitzers war. Wer weiß, vielleicht schaut er in seiner jetzigen Position, wo er sich nicht mehr um Realitäten und Bezirksangelegenheiten kümmern muss, besonders aufmerksam auf das kleine Lokal an der Gasse, die seinen Namen trägt. Die Einrichtung des „Wolf" ist besonders schön – mit der tollen Schank, über der Kreidetafeln vom Angebot des Hauses künden, mit Tischen und Sesseln, die schon in einem anderen Lokal ihre Aufgabe gut erfüllt haben, mit Parkett- und Linoleumboden, mit dem einladenden Schankraum und dem feinen „Speiseraum" – und trotzdem einfach, beinahe schlicht. Bei aller gasthausmäßigen Einrichtung und mustergültigen Wieder-

Jürgen Wolf im seinem Reich

belebung eines alten Gasthauses, geht es beim Wolf natürlich in erster Linie um die Küche, die hier präsentiert wird: viel Innereien, wie das herrliche Kalbsrahmbeuschel, Gulasch, Selchripperl mit Gemüsegerstl, gebackener Karfiol mit Petersilerdäpfel, Tafelspitz und Schnitzel und alle Wirtshausklassiker sowie ganz und gar nicht Beislmäßiges wie Pulpo-Eintopf, marinierter Wels oder warmes Mangalitzaconfit. Da der Ausdruck „Confit" dem gemeinen Beislgast vielleicht in etwa so geläufig ist wie „œufs brouillés" für Rühreier, eine kurze Erklärung: Das Französische *confire* bedeutet „einlegen", „einkochen". Confit ist demnach in Fett eingelegtes und so haltbar gemachtes Fleisch – und beim „Wolf" besonders köstlich.

> **Frau Liesl's Tipp**
> Kalbsbrühe bleibt klar durch häufiges Nachgießen von kaltem Wasser. Hernach gut abschäumen.

Schremser Bier und ein feines Weinangebot begleiten die Hervorbringungen der Küche, in der auch gerne mit speziellen Gewürzen und besonderen Kräutern gearbeitet wird.

Das Publikum ist urbaner als in manch anderem „Beisl", aber auch recht lustig. Ein Gutteil der Besucher wohnt wohl auch hier in der Umgebung, denn wo sonst sollten die herkommen, parkplatzmäßig schaut es nämlich nicht so gut aus.

An der Schank befindet sich ein Schriftzug mit dem Namen „Leo", der bedeute das „Leo" – der Ausruhepunkt – aus dem Fangspiel. Wie auch immer, auf jeden Fall ist es ein guter Ausruhepunkt für den schnellen Gast, der sich im Stehen in einem der angesagtesten Beisln der letzten Zeit ein Achterl oder ein Bier genehmigt. Wer nicht nur auf ein Stehachterl vorbeischauen will, sollte vor dem Besuch des „Wolf" auf jeden Fall einen Tisch reservieren.

Gasthaus Dormann

1050 Wien, Wimmergasse 9, Tel. 01/544 57 08, Montag bis Freitag 9 bis 23, Sonntag und Feiertag 9 bis 14 und 18 bis 21 Uhr

Menü | Gastgarten für 55 Personen

Als Siegfried Marcus 1888 seinen berühmten „Marcus-Wagen" aus Holz und Eisen baute und damit das vielleicht erste Automobil der Welt auf die Straße setzte, hätte er zur leiblichen Erbauung und zur Erholung der Erfindernatur bereits im Gasthaus Dormann einkehren können. Heute, wo bereits auf dem Mars das erste Automobil seine Spuren zieht, wäre das noch immer möglich, so lange besteht das Gasthaus Dormann nämlich schon. Es trug auch lange Zeit den schönen Namen „Zum lustigen Radfahrer", da hier, in der Frühzeit der Velozipedität, auch Fahrräder verliehen wurden. Ob die Radler schon vor oder erst nach dem Besuch des Dormann lustig waren, ist indes nicht überliefert. Seit 1986 wird das Haus mit der langen Tradition von der heutigen Chefin geführt. Das Dormann trägt seine lange Geschichte mit großer Würde und präsentiert stolz die alte Einrichtung, bei der mit Holz nicht gespart wurde und die doch so planvoll eingesetzt und gestaltet ist, dass auch heute noch alles passt. Betritt der Gast das Lokal, begrüßt ihn – neben der Wirtin – eine vertrauenerweckende, breite „Frontalschank", was bedeutet, dass er schon nach wenigen Schritten an der Schank zum Stehen kommt, um einen ersten Wunsch nach Bier oder Wein zu äußern. Es gibt Mo-

Bereit für den sonntäglichen Mittagstisch

Hier kocht und bedient die Chefin

mente, wo das sehr gut und wichtig sein kann. Verweilt man ein wenig an der Schank, in Betrachtung der alten Kühleinheit, kann man sich von dort weiter in den Gastraum, das Extrazimmer oder in den netten Hofgarten orientieren. In einem Lokal wie dem Dormann ist manch einer versucht, die Küche mit jener ach so guten alten aus Großmutters und Mutters Zeiten zu vergleichen: „so wie bei Mutter zu Hause". Was mitunter ja auch eine veritable Drohung sein kann. Ganze Heerscharen von kulinarisch sensibilisierten Nachgeborenen fürchten nichts mehr als den heimatlichen Herd und ergreifen bei erster Gelegenheit die Flucht. Das Gasthaus Dormann, wo die Chefin kocht, ist für viele ein beliebter Fluchtort, wo Hausmannskost und Wiener Wirtshausküche so schmecken, wie sie schmecken sollen, und wo sich Qualität und Größe der Portionen ein erbauliches Stelldichein am Tisch des Gastes geben: etwa bei Zwiebelrostbraten, Vanillerostbraten, Schweinsbraten, Fiakergulasch, gebackener Leber, Hirn mit Ei oder Surschnitzel, ein hausgemachter Topfenapfelstrudel schließt den Reigen. An der Fassade des Dormann sind auf grünen Tafeln heute sonst kaum mehr wo zu findende Besonderheiten der Wirthausküche ausgewiesen, wie das Steak Hawaii, das Holzfällersteak oder ein Hauerschnitzel.

Täglich gibt es ein Menü, wobei das Dormann auch sonntags geöffnet hat, eine gute Nachricht für all jene, die den Hervorbringungen des heimischen Herdes entkommen wollen, aber auch für alle anderen.

Man kann ruhigen Gewissens davon ausgehen, dass man hier authentisch und gut isst, die Ausstattung und das Ambiente, die erlebbare Geschichte und die Stimmung tragen das ihre dazu bei. Und an der Fassade weist ein Neonring mit Weinlaub auch dem späten Gast den Weg.

Haas Beisl

1050 Wien, Margaretenstraße 74, Tel. 01/586 25 52, www.haasbeisl.at
Montag bis Freitag 10.30 bis 22, Samstag 11 bis 22,
Sonntag 11 bis 16 Uhr
Mittagsmenü | CC | Schanigarten für 12 Personen

Vollkommen zu Recht wurde das Haas Beisl schon mehrere Male als ganz besonderes Beisl ausgezeichnet, und das liegt nicht nur an der langen Geschichte des kleinen Wirtshauses an der Margaretenstraße. 1899 wurde der Vorgänger des Haas Beisl eröffnet und 1935 von Anton Karall übernommen. Zahlreiche alte Fotografien im Lokal zeugen von der Zeit, als das Haas Beisl noch Karall hieß. Als die Tochter Anton Karalls das Lokal in den Sechzigerjahren des vorigen Jahrhunderts übernahm, erhielt es seinen heutigen Namen. 1990 übernahm Georg Haas jun. – ein glühender Vertreter des Wiener Beisls, seiner Kultur und Küche – das Gasthaus und führte es mit großem Engagement bis 2012, als es neu übernommen wurde. Der Name ist geblieben und mit ihm auch die typische Atmosphäre und Qualität des Haas Beisls. Kommt man in das kleine Lokal, taucht man sofort ein in die typische Beislwelt: freundlich begrüßt vom Herrn an der Schank, interessiert gemustert von den Stammgästen an den Tischen, die kurz ihr Gespräch – „was trink ma denn? An steirischen Welschriesling“ – unterbrechen: Das ist eben ihre Art, dem Fremden ihre Reverenz zu erweisen. Die Einrichtung ist gemütlich, herzerwärmend, angenehm. Hier lässt man sich gerne nieder, und wenn man im zweiten Raum die zahlreichen Fotografien von ehemaligen und immer noch Prominenten betrachtet, wird man gewahr, wie die Zeit vergeht und dass das Beisl trotzdem noch immer das alte Beisl geblieben ist. An der Fassade des Wirtshauses weisen großflächige Bemalungen darauf hin, was den Gast im Inneren erwartet. Natürlich hat ein Lokal wie das Haas Beisl auch einen Schanigarten, der liegt an der Margaretenstraße und bietet vielfältige Abwechslung, sodass man mit Fug und Recht behaupten kann, dass sich hier einiges tut.

> **Frau Liesl's Tipp**
> Gulasch: Das Paprikapulver über die gedünsteten Zwiebel streuen und sofort mit wenig Essig ablöschen, damit es nicht bitter wird.

Gastgarten und Fassadengestaltung haben schon so manchen Schüler der Handelsakademie vis-à-vis animiert, in einer echten Wirtschaft das Wirtschaftsleben zu studieren. Hier ist der Lerneffekt eindeutig und unmittelbar. Das Haas Beisl ist auch ein feiner Ort, um sich auf einen Kinobesuch im Filmcasino vorzubereiten oder hinterher den Film zu besprechen.

Kleines Lokal mit großer Stammtischqualität

Bei aller Freundlichkeit und Tradition ist natürlich eines ausschlaggebend, und das ist das Angebot aus Küche und Keller. Die Küche ist wienerisch durch und durch, das Weinangebot österreichisch. Eine Tageskarte, neben dem täglichen Menü, liest sich zum Beispiel so: Rindsuppe mit Pariserscheiben, Schwammerl-Erdäpfel-Suppe, Beef tatare, Bries auf „Pariser Art", Presswurst mit Zwiebeln und Kernöl, Fiakergulasch, Krenfleisch, Blunzengröstl, Kalbstafelspitz, Kalbspaillard, gebackene Fledermaus, Alt-Wiener Zwiebelrostbraten, Innereien wie Salonbeuschel, Hirn mit Ei, Nierndl geröstet, Leber gebacken oder geröstet, immer wieder das berühmte Bruckfleisch und hinterher ein ofenwarmer Apfelstrudel, Malakoffnockerln oder ein Wiener Wäschermädel auf Vanillesauce, sehr adrett. Unnötig zu erwähnen, dass sich alle Saisonen mit ihren jeweiligen Spezialitäten in der Karte des Haas Beisls widerspiegeln und die Lieferanten allesamt handverlesen sind, sehr schön, wenn die am Nachmittag ihre Ware anliefern.

Berühmt ist das Haas Beisl für seine wunderbare Weinauswahl. Zweimal im Monat werden Küche und Keller sozusagen von Haus aus kombiniert, und es steht ein viergängiges Winzermenü inklusive Weinbegleitung auf dem Programm. Rechtzeitige Reservierung ist sehr empfehlenswert.

Der Gast wird hier nicht nur mit hervorragender Qualität und schönen Portionen umworben, auch die Preise sind sehr gastfreundlich. Das alles gehört zur Kultur des Haas Beisls. Die Gäste wissen es zu schätzen.

Christian Wanek in seinem Beisl

Rudis Beisl

1050 Wien, Wiedner Hauptstraße 88, Tel. 01/544 51 02
www.rudisbeisl.at, Montag bis Freitag 11.30 bis 15 und 18 bis 23 Uhr
Tagesteller | Schanigarten für 30 Personen

Seit Herr Siebeck in seinem, dem Wiener Beisl gewidmeten Buch „Die Beisln von Wien" Rudis Beisl aufgesucht und sehr lobend beschrieben hat, was hier gekocht und gebacken wird – und das ist nun auch schon wieder einige Zeit her –, eilt dem kleinen Lokal an der Wiedner Hauptstraße bis heute ein sehr guter Ruf voraus, weshalb die wenigen Plätze in Rudis Beisl sehr begehrt sind. Aber trotz der Größe bzw. Kleinheit des Lokals bekommt man mit etwas Geduld sicher einen Platz, sofern nicht gerade Prominenz aus Sport und Politik Gusto auf ein Alt-Wiener Backfleisch verspürt. Das ist nämlich einer der legendären Klassiker, für die zu warten es sich lohnt. Der Ruf von Rudis Beisl liegt vor allem in der hervorragenden „Rindfleischküche", die hier geboten wird, begründet, genau genommen in der Wiener Siedfleischküche mit dem weltberühmten Tafelspitz, dem Weißen Scherzel, dem Hüferl, dem Meiserl, dem Schulterscherzel oder dem Ochsenschlepp.

Neben der Rindfleischküche werden aber auch alle anderen Highlights der traditionellen Küche offeriert, immer jedoch sehr klassisch zubereitet, das ist hier Programm. Da macht es auch nichts, dass das Wirtshaus mit Blau und Weiß als Grundfarben immer auch ein wenig wie ein Grieche wirkt und dass der Namensgeber Rudi Stark seit etlichen Jahren den Kochlöffel an seinen langjährigen Koch und Nachfolger Christian Wanek übergeben hat. Was drin ist in Rudis Beisl, ist eindeutig ein Wiener Gasthaus bester Qualität, von der Suppe bis zur Nachspeise.

Und weil es mit Speisen allein noch lange nicht getan ist, werden hier zum Essen österreichische Spitzenweine kredenzt, etwa von Prieler aus Schützen am Gebirge oder von Johann Topf aus Straß im Straßertale, ein Welschriesling von Sabathi, ein Blaufränkisch von Kerschbaum aus Horitschon, und zum Vergleich mit den österreichischen Weinen gibt es auch einige internationale Kreszenzen, etwa Riojas, zu kosten.

Frau Liesl's Tipp

Unangenehmen Geruch beim Gemüsekochen vermeiden: ein Stückchen Brot in einem Leinenbeutelchen mitkochen.

Und obwohl Rudi Stark nicht mehr der Patron des Hauses ist, ist es für ein inneres Verständnis des Lokals vielleicht ganz gut zu wissen, dass er im fernen Jahr 1961 als Spieler der Austria ein beeindruckendes Freistoßtor gegen Benfica Lissabon erzielte, was natürlich nicht seine einzige, wohl aber seine bekannteste fußballerische Tat war. Im Sommer hat der schöne Schanigarten an der Wiedner Hauptstraße geöffnet. Von dort wirkt Rudis Beisl, mit den weit geöffneten Fenstern, wie eine kleine Gasthausbühne, die gedeckten Tische, die zahlreichen Auszeichnungen an der Wand bieten eine tolle Kulisse für ein Stück Hochgastronomie, das man nicht versäumen sollte.

Der Gastraum, Bühne für beste Wiener Rindfleischküche

Silberwirt

1050 Wien, Schloßgasse 21, Tel. 01/544 49 07, www.silberwirt.at
täglich 12 bis 24 Uhr
Mittagsmenü | CC | Gastgarten für 130 Personen

Seit über 200 Jahren ist der Silberwirt nach eigenen Angaben bereits ein Wirtshaus und trotzdem oder vielleicht gerade deshalb ein Lokal, das vor allem bei jungen Menschen beliebt ist. Vielleicht war das ja schon vor 200 Jahren so. Die Gasträume sind mit viel Holz und guter Hand eingerichtet und bieten viel Platz und professionelle Gemütlichkeit.

Der Gebäudekomplex, in dem der Silberwirt untergebracht ist, datiert zurück bis in das 14. Jahrhundert. Damals trug der Gutsbesitz den Namen „Niederer Hof" und wurde später zum Schloss Margareten. Während der Ersten und der Zweiten Türkenbelagerung (1529 und 1683) wurden große Teile davon zerstört. In der Folge wurden einige bauliche Veränderungen vorgenommen und unter anderem ein Schlossgarten angelegt, der später als Maulbeerbaumschule diente.

Professionelle Gemütlichkeit

Silberhirsch im Silberwirt

Teile des Schlosses wurden an Fabrikanten und Händler verpachtet. Heute beherbergt das ehemalige Schloss mehrere Gastronomiebetriebe.

Der schönste Gastgarten ist dabei ganz sicher der des Silberwirts, obwohl inzwischen der Übergang von einem Gastgarten zum anderen beinahe fließend ist und der p.t. Gast sich mitunter orientieren muss, wo denn nun der Tisch ist, auf dem sein Bier steht und an dem seine Begleitung sitzt. Wenn der Weg zurück nicht immer gleich gefunden wird, liegt das nicht unbedingt am vorangegangen Konsum, sondern mitunter auch einfach daran, dass das alte Ambiente, die Pawlatschengänge und das lebhafte Treiben in den Gastgärten den Gast ablenken und verzaubern.

Hier ist sozusagen die Quadratur des Gastgartens gelungen. Vielleicht ist das auch ein Grund, weshalb dieses einmalige gastronomische Konglomerat ganz unterschiedlicher Gastronomien den Namen Schlossquadrat trägt. Der Silberwirt bzw. seine Vorgänger waren das erste Lokal hier. Heute ist er ein Klassiker, der, gefühlvoll erneuert, immer noch das Flair des alten Wirtshauses verströmt.

Der Silberwirt ist Teil des Gastroimperiums Schlossquadrat und solcherart direkt angeschlossen an alle möglichen Neuerungen und Verfeinerungen. Den meisten gefällt's, manche allerdings fürchten ums klassische Beisl im Imperium, wahrscheinlich ist die Furcht aber unbegründet. Das Angebot aus Küche und Schank jedenfalls ist noch klassisch, und die zeitgemäßen Erweiterungen stehen auch dem Beisl sehr gut. Zum Wiener Backhendl oder dem „Toskanischen Cordon bleu" werden Natursäfte, Margareten-Bier – eine Eigenmarke – und eine Auswahl schöner Weine kredenzt.

Unaussprechlich gut

Woracziczky

1050 Wien, Spengergasse 52, Tel. 0699/11 22 95 30
www.woracziczky.at
Montag bis Freitag 11.30 bis 14.30 und 18 bis 24 Uhr
Schanigarten für 35 Personen

An der Ecke Spengergasse/Bräuhausgasse findet sich das schöne Gasthaus Woracziczky, das „Woraschitzki" ausgesprochen werden möchte. Der Name Bräuhausgasse ist an sich ja schon eine sehr gute Adresse für ein Wirtshaus, obwohl hier auch der frühere Name „Sackgasse" ganz gut passt, weil die Bräuhausgasse kurz nach dem Woracziczky an einer Mauer endet. Ein Garant für angenehme Ruhe in diesem Straßenstück und garantiert kein Durchzugsverkehr, der den lauen Abend im Schanigarten stören könnte. Hinter der Mauer befindet sich der Mitte der 1990er-Jahre neu entstandene Scheupark, der 2003 zur „Margaretener Stadtwildnis" erweitert wurde. In einer Kurzbeschreibung des Parks heißt es: „Auf die Erhaltung des Baumbestandes und Gestaltungswünsche der – zumeist jungen – Anrainerinnen und Anrainer wurde größter Wert gelegt" (wien.at). Fast scheint es, als hätte dies auch für die Neugestaltung des alten Eckwirtshauses, aus dem das Woracziczky entstand, gegolten. Die Anrainer und auch anderen Gäste aus nah und fern finden das Woracziczky jedenfalls so gestaltet und ausgeführt, wie man es sich nur wünschen kann. Dementsprechend gut besucht ist das Lokal, und es ist nicht immer einfach, ohne vorherige Reservierung einen der begehrten Plätze zu bekommen. Eine noch deutlichere Sprache sprechen die Gäste selbst, die sich nach jedem Gang begeistert, ehrlich, ausgiebig und auffallend oft bedanken, man möchte ja auch wiederkommen dürfen.

Die Gründe dafür sind vielfältig und köstlich und lesen sich auf der Karte etwa folgendermaßen: Beinschinken von der Familie Thun, Beef tatar vom Mastochsen, knuspriger Erdäpfel-Schafkäse, ausgelöstes Backhendl – kommt klassisch mit einem Stück gebackener Hühnerleber auf den Tisch – dazu Erdäpfel-Vogerlsalat, gebratenes Kalbsbries, geschmorte Lammstelze, gebratenes Kalbskotelett, Wiener Backfleisch oder Zwiebelrostbraten und als Dessert feine, ausgewählte Käse, Mohnnudeln, Schokoauflauf oder Erdbeer-Tiramisu.

Frau Liesl's Tipp

Alter von Hasen erkennen: Die Krallen junger Hasen sind glänzend schwarz und noch wenig abgenützt, mit zunehmendem Alter stumpfen sie ab und nehmen eine helle Färbung an.

Der Zeit entsprechend findet sich die Tageskarte auch auf Facebook, und dort klingt es dann zum Beispiel so: „Gerade haben wir unseren Schanigarten fertig gedeckt und dieses Menü für euch vorbereitet: Gurkenkaltschale mit Schafskäse und Cremespinat mit Spiegelei und Rösti. Wir freuen uns schon auf euch :-)."

Im Sommer sitzt man im netten Schanigarten, in der restlichen Zeit des Jahres im angenehm und hell adaptierten Wirtshaus.

Wirtsleute, Wirtshaus und Karte sind vielleicht auch Ausdruck einer mehr und mehr wahrnehmbaren selbstbewussten und zeitgemäßen Neudefinition des Begriffs Gasthaus. Ein Umbruch, dessen Zeugen wir gerne sind und der in immer mehr Lokalen der Stadt zu bemerken ist. Es geht halt nicht mehr nur um Gulasch und Schweinsbraten in Superqualität, sondern um eine an regionalen Produkten, lokalen Traditionen und internationalen Standards entwickelte Küche. Dafür bedanken wir uns gerne.

Angenehmes Ambiente im Gastraum

Zur goldenen Glocke

1050 Wien, Schönbrunner Straße 8/Ecke Kettenbrückengasse 9
Tel. 01/587 57 67, www.zur-goldenen-glocke.at
Montag 17.30 bis 24, Dienstag bis Samstag 11.30 bis 15 und 17.30 bis 24, Sonntag 11.30 bis 16 Uhr

Tagesteller | CC | Gastgarten für 125 Personen

1886 war in vieler Hinsicht ein bedeutendes Jahr: Im Juni kam der für „seelengestört und unheilbar" erklärte König Ludwig II. von Bayern im Würmsee, dem heutigen Starnberger See, auf mysteriöse Weise ums Leben, Carl Benz erhält das Patent auf das erste Benzinauto und in New York wird die Freiheitsstatue enthüllt. Weit wichtiger aber waren, zumindest für die Gastronomie, zwei andere Ereignisse: Der Schweizer Julius Maggi erfindet die nach ihm benannte Würzsauce und im fernen Atlanta mischt der Arzt und Apotheker John Pemberton ein Erfrischungsgetränk, das unter dem Namen Coca-Cola die Welt erobert.

In Wien wird 1886 die „Goldene Glocke" eröffnet. „Zur goldenen Glocke" ist ein schöner und passender Name für ein gutbürgerliches Wirtshaus. Und die Goldene Glocke bietet auch alles, was man sich von einem alten Traditionsgasthaus erwarten darf, vor allem aber eine gehobene Wiener Küche, die jahreszeitlich durch zahlreichen Spezialitäten erweitert wird. Hier gibt es natürlich einen Alt-Wiener Suppentopf, alle bekannten Arten des Schnitzels, Zwiebelrostbraten,

Altdeutsches Zimmer in der Goldenen Glocke

Die Schank, wo seit Jahrzehnten Bier gezapft wird

Tafelspitz, Fiakergulasch, Backhendl und eine große Fischkarte mit Forelle gedämpft, gebraten oder, nach Art des Hauses, gefüllt und gebacken sowie Goldbrasse, Zander und Karpfen in unterschiedlichen Zubereitungsarten.

Interessant sind die zahlreichen Räumlichkeiten der Goldenen Glocke, die neben dem Schankraum einen Grünen Salon, ein Altdeutsches Zimmer, eine Klimt-Stube und eine Schubert-Stube aufzuweisen hat, vor allem aber hat die Goldene Glocke einen wunderbaren und weithin bekannten Gastgarten, der zum Teil überdeckt ist und im Bedarfsfall mit einer alten Markise, einem Relikt aus einer Zeit, als Stahl- und Eisenkonstruktionen noch eindrucksvoll gestaltet wurden, überdacht werden kann.

Frau Liesl's Tipp

Versalzene Speisen vom Salzgehalt befreien kann man, indem ein silberner Löffel mitgekocht wird.

Fast ebenso berühmt wie der Gastgarten ist das beeindruckende Wandgemälde im Hofgarten, das in einer großen Szene berühmte Wiener Komponisten und alle wichtigen Vertreter des Wienerliedes und ihre Zeitgenossen verewigt: Ankerl I. und II., Bratfisch, Wiesberg, Martinelli, Guschlbauer, Glawatsch, Görich und Frau, Luise Montag, Josef Strauß, Anzengruber, Schubert, Drescher, Niese, Pick, Lanner, Feuerbach und viele andere. Manche von ihnen sind heute weltberühmt, nach anderen wurde eine Gasse benannt und wieder andere haben im Wandgemälde in der Goldenen Glocke ihren letzten öffentlichen Auftritt.

Noch 6 Lokale auf der Wieden und in Margareten:

Gasthaus Engelhart

1040 Wien, Karolinengasse 29
Tel. 01/505 41 87, www.gasthaus-engelhart.at, Mo–Fr 9–24 Uhr
Mittagsmenü | CC | Schanigarten für 30 Personen

Familienbetrieb in dritter Generation. Alt-Wiener Gastwirtschaft mit Hausmannskost, auch Innereien, und wenn es jahreszeitlich passt, dann auch gerne Wildspezialitäten.

Gasthaus Weidinger „Zum schattigen Garten"

1040 Wien, Danhausergasse 3
Tel. 01/505 56 97, Mo–Fr 11–23 Uhr
Mittagsteller | Hofgarten für 80 Personen, Salettl für 35 Personen

Gasthaus mit bodenständiger Wiener Küche. Während der Sommermonate ist der schöne Garten im Innenhof mit seinen schattenspendenden Bäumen eine wahre Oase in der Großstadt.

Wiener Wiaz'Haus

1040 Wien, Gußhausstraße 24
Tel. 01/505 45 07, www.wiener-wiazhaus.at, Mo–Fr 11.30–22 Uhr, Fei geschlossen
Mittagsmenü | Schanigarten für 70 Personen

Gemütliches Beisl mit viel dunklem Holz. Klassische Wiener Küche mit saisonalen Schwerpunkten, auch Vegetarisches. Einer der schönsten Schanigärten im Bezirk.

Zum Alten Fassl

1050 Wien, Ziegelofengasse 37
Tel. 01/544 42 98
www.zum-alten-fassl.at
Mo–Fr 11.30–15 und 17–1, Sa 17–1, So, Fei 12–15 und 17–1 Uhr
Mittagsmenü | CC | Hofgarten für 120 Personen

Traditionelle, verfeinerte Wiener Küche mit internationalen Anklängen. Sensationell schöner Garten im Innenhof. Und wenn die neugepflanzten Bäume – die alte, große Kastanie ist einem Sturm zum Opfer gefallen – angewachsen sind, dann wird es hier noch lauschiger.

Zu den 3 Buchteln

1050 Wien, Wehrgasse 9
Tel. 01/587 83 65, Mo–Sa 18–24 Uhr

Eines der wenigen Lokale Wiens, die sich der original böhmischen Küche verschrieben hat, von Brimsenhaluschka über die grandiosen Grammelknödeln mit Kraut bis zu den Powidltascherln. Alles gehaltvoll, alles besonders gut.

Zum Stöger

1050 Wien, Ramperstorfferg. 63, Tel. 01/544 75 96, www.zumstoeger.at
Mo 17–24, Di–Sa 11–24 Uhr
Mittagsmenü | CC | Terrasse für 20 Personen

Altösterreichische Schmankerl, aber auch innovative Neuinterpretationen der Wiener und internationalen Küche, und das im Herzen von Margareten.

Mariahilf und Neubau

Mariahilf wird in seiner Längsrichtung durch die Mariahilfer Straße und die Wienzeile bzw. den Naschmarkt begrenzt. Der Name des Bezirks geht auf die Kopie des Passauer Marienbildes „Mariahilf" zurück, das die Barnabiten in einer hölzernen Kapelle aufgestellt hatten, ein Vorläufer des heutigen Copy-and-paste-Verfahrens.

Das Theater an der Wien, das Semperdepot und der Flakturm sind die signifikantesten Bauten im Bezirk, der Naschmarkt, wo sich schon sehr früh „Bratlbrater" und sogenannte „Knödelhütten" etablierten, ist die lebendigste Gegend in Mariahilf. Das Beislspektrum reicht heute vom kleinen Stammbeisl bis zum stadtbekannten In-Beisl.

Der siebte Bezirk, Neubau, hatte mit dem durch Seiden- und Samtmanufakturen wohlhabenden Schottenfeld und dem armen, aber frivolen Spittelberg schon um 1800 sehr unterschiedliche Gegenden aufzuweisen. Heute ist Neubau ein beliebter Wohnbezirk, belebt und durchmischt wie nur wenige andere Bezirke. Zahllose Lokale tragen zum besonderen Flair Neubaus bei. Vom inzwischen schon „historischen" In-Lokal bis zum neuen Wirtshaus, Bewahrer und Begründer der neuen Wiener Wirtshausküche, reicht der Bogen der gastronomischen Verlockungen und Attraktionen.

Zur Eisernen Zeit

1060 Wien, Naschmarkt, Stand 316, Tel. 01/587 03 31

Montag bis Donnerstag 10 bis 24, Freitag und Samstag 9 bis 24 Uhr

Mittagsmenü | Schanigarten für 80 Personen

„Gold gab ich für Eisen." Im Unterschied zu diesem Slogan aus Kriegszeiten – zuerst 1813 und dann im Ersten Weltkrieg –, der dazu aufrief Gold, Silber und Schmuck zur Kriegsfinanzierung zu spenden, um im Gegenzug ein Erinnerungsschmuckstück, Ring oder Medaille, aus Eisen zu erhalten – haben die diskreten Investoren, die bereits das Dombeisl übernommen haben, hier wohl etwas Gold gegeben, dafür aber die Eiserne Zeit erhalten, ein Wirtshaus-Schmuckstück und seit Jahren eines der letzten echten Naschmarktbeisln, beliebt und begehrt wie Gold.

Eiserne Zeit, ein Name, den man sich eigentlich merken können müsste. Trotzdem fragt immer wieder jemand, wo denn das wunderbare Lokal zum „Eisernen Hut" wäre.

Der Name „Eiserne Zeit" hat auch etwas Beharrendes an sich, und das stimmt auch, trotz aller – kaum spürbaren – Veränderungen sind die Gäste, das Angebot und die Atmosphäre noch so, wie sie immer waren.

Aus der Küche kommen täglich frische Menüs, Hausmannskost, gefüllte Paprika, Knödel mit Ei, Grammelknödel mit Sauerkraut, Krautfleckerl, Backhendl, Beuschel, Schnitzel sowieso und ein her-

Gut gelaunt in der Gaststube

Schnitzel und Bier im „wahren" Naschmarktbeisl

vorragendes Gulasch. In puncto bestes Gulasch der Stadt liefert sich die Eiserne Zeit mit dem Gasthaus „Zum Sieg" einen harten Kampf. Aus den Zapfhähnen fließen Ströme unterschiedlicher Biere, und alternativ zum Spritzer werden weiße und rote Schankweine sowie Qualitätsweine aus dem Kamptal, der Südsteiermark und dem Mittelburgenland, Uhudler und Schilcher serviert.

In der Eisernen Zeit scheint die Zeit tatsächlich insofern irgendwie stillzustehen, als im Lokal oder, im Sommer, im Schanigarten immer dieselbe ausgelassen-fröhliche Stimmung zu herrschen scheint. Freitagnachmittag und Samstagvormittag ist dafür ein ganz besonders guter Termin. Große Mengen Bier und Spritzwein verlassen dann die Theke Richtung Gäste, die vergnügt die Woche besprechen, wild diskutieren, Karten spielen oder sich nur freuen, einen Platz an diesem zeitlosen Ort ergattert zu haben. Die Eiserne Zeit kann für sich in Anspruch nehmen, das einzig wahre und einzig authentische Naschmarktbeisl zu sein. Ein Beisl wie aus der Anleitung „Wir bauen uns ein typisches Marktbeisl". Tatsächlich wurde das Lokal 1916 nach Plänen von Otto Wagner als Marktcafé erbaut. Seit vielen Jahren erfreut sich die Eiserne Zeit allergrößter Beliebtheit bei einem sehr unterschiedlichen Publikum. Künstler- und Politprominenz sind hier ebenso anzutreffen wie *Augustin*-Verkäufer und ganz „normale" Naschmarktbesucher.

Übrigens, John M. Coetzee hat ein Buch mit dem Titel „Eiserne Zeit" geschrieben, damit aber nicht das Lokal am Naschmarkt gemeint.

Ausdrucke der Gastbegeisterung an den Wänden

Gasthaus Franceschi

1060 Wien, Aegidigasse 15, Tel. 01/596 71 01
täglich 8 bis 24 Uhr
Mittagsmenü | CC | Schanigarten für 30 Personen

Trägt ein Wiener Gasthaus eines Tages plötzlich einen italienischen Namen, ist in der Mehrzahl der Fälle aus dem Beisl eine Pizzeria geworden. Nicht so im Fall des Gasthauses Franceschi, das bis vor einiger Zeit noch den Namen Gasthaus Seibold trug: Die Wirtin heiratete einen Italoamerikaner mit toskanischen Wurzeln und seither heißt das Seibold eben Franceschi. Der Name täuscht also, das Franceschi ist keine Pizzeria, sondern nach wie vor ein Wiener Beisl, noch dazu eines der ganz besonderen Art. Das Franceschi ist ein Lokal für besondere Beislliebhaber und Liebhaber des Besonderen. Hier ist alles ein wenig außergewöhnlich: die überaus nette Wirtin, der fröhliche Wirt mit Lederschürze und Wiener Schmäh mit amerikanischem Akzent und vor allem die Einrichtung, oder besser die Dekoration, des alten Wirtshauses. Das Franceschi hat nämlich nicht nur zahlreiche und treue Stammgäste, sondern für ein Beisl auch ungewöhnlich viele internationale Besucher und Freunde, und das ist an den Wänden des kleinen Lokales eindrücklich dokumentiert. Was nicht nur damit zu tun hat, dass Gary Franceschi Italoamerikaner ist, sondern vor allem auch damit, dass sich hier in der Umgebung zahlreiche Hotels und vor allem Hostels befinden. Unzählige liebevoll bemalte und beschriebene Papierblätter bedecken die Wände des Lokals, das so zu einer Art „begehbarem Gästebuch“ geworden ist. Irgendwann, erzählt die Wirtin, so um das Jahr 2006, begann ein Gast seine Eindrücke, das heißt seine Begeisterung über die Atmosphäre, das Angebot und die

Zufriedene Wirtsleute in ihrem Beisl

Wirtsleute, auf ein Blatt Papier zu malen und übergab es dankbar und wohl auch etwas beschwingt der Wirtin, diese heftete das Blatt an die Wand, und seither sind wohl hunderte weitere Texte und Zeichnungen dazugekommen und belegen, wie wohl sich die Gäste hier fühlen. Geldscheine aus aller Herren Länder kleben an der Schank und unterstreichen die Internationalität des Gasthauses. Das Franceschi ist sicher das einzige Wiener Beisl, das im Internet mehr Einträge aus der ganzen Welt aufzuweisen hat als solche aus Wien. Man kann sich die Begeisterung ja lebhaft vorstellen, mit der zum Beispiel ein junger Tourist aus den USA nach langer, beschwerlicher Reise in sein Hostel kommt und von dort sozusagen direkt in das urige Franceschi kippt, wo ihn „typical viennese people" in Gestalt von Inge und Gary Franceschi mit „Wiener Shnitzl" und einem Krügerl Bier empfangen.

Neben Schnitzel, Bratwurst oder „students special" bietet die Küche des Franceschi Schweinsbraten und Wiener Saftgulasch, aber natürlich auch alle Klassiker der Wiener Wirtshausküche, und das in typischer Beislqualität und ausgiebigen Portionen.

Das Franceschi ist dabei aber kein „Touristenlokal", sondern eben ein Beisl mit ungewöhnlich vielen internationalen Gästen, aber auch zahlreichen „heimischen" Stammgästen. Einige von ihnen können sich noch an die berühmt-berüchtigte jahrelange Hausbesetzung „Aegidi/Spalo" erinnern, die 1988 mit einem brutalen Polizeieinsatz beendet wurde. Vom kleinen Schanigarten vor dem Franceschi schaut man heute auf eine Grünfläche mit Spielplatz, die an der Stelle der besetzten Häuser errichtet wurde. Vielleicht kommt ja hin und wieder einer der ehemaligen Aegidi/Spalo-Leute vorbei, um sein Kind auf den Spielplatz zu führen und sich im Gedenken an die wilde Zeit ein Bier im Franceschi zu genehmigen.

Gastwirtschaft Steman

1060 Wien, Otto-Bauer-Gasse 7, Tel. 01/597 85 09, www.steman.at

Montag bis Freitag 11 bis 24 Uhr, Feiertag geschlossen

Mittagsmenü und Tagesteller | Schanigarten für 40 Personen

Über der Eingangstür des Steman prangt ein großes, altes Bild, das wohl die berühmte Stierwascherszene zeigt, die Salzburg der Sage nach vor einem schlimmen Schicksal bewahrte. Das Bild ist ein Hinweis darauf, dass das Steman vor etlichen Jahren noch „Zur Stadt Salzburg" hieß und ein nettes Beisl war. Dann wurde es, in der alten Substanz erneuert und vorsichtig modernisiert, zum Steman, und, eh man sich's versah, zu einem beliebten In-Beisl mit zahlreichen Freunden und Gästen. An diesem Zustand hat sich bis heute nichts geändert, obwohl „In-Beisl" eigentlich nicht stimmt, besser ist „schönes Gasthaus".

Frau Liesl's Tipp

Eidotter tagelang frischhalten: Die Eidotter müssen mit Öl bedeckt werden.

Die Einrichtung der ehemaligen „Stadt Salzburg" blieb im Wesentlichen erhalten, nur passt jetzt alles besser zusammen, und das Lokal macht trotz seiner mehr als hundertjährigen Geschichte einen zeitgemäßen und vor allem gemütlichen Eindruck.

Der Schankraum bietet ausreichend Platz und Tische, der Speiseraum mit gedeckten Tischen ist durch einen klassischen Raumteiler mit Milchglastüren vom Schankraum getrennt. Selbstverständlich

Der wunderschöne Speiseraum

Ungewöhnliche Farbgebung der Schank

sind im ganzen Lokal der alte Boden, die Wandvertäfelung und die Schank erhalten geblieben. Nur ist die Schankanlage heute eben grün, was sie früher nicht war, und so wird also die Tradition der Stierwäscherei in der Umfärbung der Schankanlage fortgeführt.

An den Wänden zeugen einige alte Bilder davon, wie einfach und schön Getränkewerbung vor ein paar Jahrzehnten aussehen konnte.

In einer solchen Umgebung kann eigentlich nur eine ausgezeichnete Wiener Küche gedeihen, und das tut sie auch: Blunzengröstl, Szegediner Krautfleisch, Tafelspitz, Eiernockerl, Schweinsschnitzel, Herrengulasch, ausgelöstes Backhuhn oder auch Forellenfilet auf Erdäpfel-Mangold-Gröstl, Kaiserschmarren, Marillenpalatschinken und hausgemachter Mohr im Hemd – der darf hier noch so heißen – lassen einem das Wasser im Mund zusammenlaufen.

Man kocht und isst und geniest hier den ganzen Tag, hin und wieder sind auch glückliche Touristen darunter, die sich sicher sind, hier einen kulinarisch authentischen Höhepunkt ihrer Wienreise gefunden zu haben.

Vom netten Schanigarten an der Königseggasse aus bietet sich ein guter Ausblick auf das Café Jelinek, das inzwischen in das Steman-Imperium eingegliedert wurde, und man kann sich in aller Ruhe überlegen, den Espresso hier oder drüben zu nehmen.

Adlerhof

1070 Wien, Burggasse 51, Tel. 01/523 62 40

Dienstag bis Samstag und Feiertag 18 bis 24 Uhr

Schanigarten für 25 Personen

Der Adlerhof im siebten Bezirk – 1874 erbaut – ist ein sogenanntes Durchhaus und zieht sich über mehrere treppenförmig angelegte und durch Stiegen miteinander verbundene Innenhöfe von der Siebensterngasse bis zur Burggasse. Auf der Burggassenseite befindet sich das Gasthaus Adlerhof.

Der Adlerhof sollte vielleicht „Adlernest" heißen, strahlt er doch etwas Heimeliges und Geborgenes aus. Der Adlerhof hat, anders ausgedrückt, eindeutig „Wohnzimmerqualität", und zwar die eines Wohnzimmers mit Fernseher. Der Fernseher steht über der Schank und hat eine besondere Funktion, wie eben in jedem Wohnzimmer, vor allem wenn Fußballübertragungen angesagt sind. Die erfreuen sich im Adlerhof nämlich allergrößter Beliebtheit und werden im großen Kreis aufmerksam verfolgt und entsprechend kommentiert. Frühzeitiges Erscheinen vor großen Matches ist ratsam. Die eindrucksvolle Sammlung von Mannschaftsbildern österreichischer und internationaler Kicker an den Wänden belegt die große Rolle, die der Fußball im Adlerhof spielt. Wie im richtigen Wohnzimmer kann es auch hier hin und wieder Diskussionen darüber geben, welches Programm gespielt

Der Chef im Adlernest

Stammlokal von „Detektiv Cheng“

werden soll. „Desperate Housewives“ haben hier aber keine Chance gegen eine Fußballübertragung, mag das Spiel auch noch so jämmerlich sein.

Eine weitere Leidenschaft gilt, gleich nach Fußball, dem Schachspiel, das in den großen Extraräumen des Lokals Platz findet.

Frau Liesl's Tipp

Fische, die man blau kochen will, werden mit einem Zusatz von Essig gekocht und nur innen ausgewaschen. Der Schleim wird auf der Haut belassen.

Dass der Adlerhof auch noch ein ganz besonders schönes und klassisches Wirtshaus mit toller, alter Einrichtung ist, versteht sich fast von selbst. In erster Linie ist er aber eine Institution für junge und alte Menschen, für Studenten und Arbeiter aus der Umgebung und ein sicherer Zufluchtsort für Leute, die wissen, warum sie ins Wirtshaus gehen.

Der Wirt des Adlerhofes ist irgendwo einmal als „sehr freundlich“ beschrieben worden, das stimmt nicht, „sehr freundlich“ ist nur ein sehr unzutreffender Ausdruck für die Art des Wirtes, der den Adlerhof lebt und zu dem gemacht hat, was er ist. Inzwischen ist der Adlerhof durch Heinrich Steinfest auch zu literarischen Ehren gekommen. Steinfest lässt seinen einarmigen Detektiven Cheng mit dessen altersinkontinenten Hund Lauscher im Adlerhof einkehren. Wohl bekomm's ihnen.

Grünauer

1070 Wien, Hermanngasse 32, Tel. 01/526 40 80
Montag bis Freitag 18 bis 24 Uhr, Feiertag geschlossen

„Auszeichnungen pflastern seinen Weg“, so könnte man die Geschichte des Gasthauses Grünauer kurz und prägnant umschreiben. Seit das Lokal in der Hermanngasse in den Achtzigerjahren von den Grünauers – Brigitta, Martha und Christian – sein heutiges Gepräge und Aussehen erhielt, gilt das Gasthaus als eines der besten Beisl der Stadt und seine Neudefinition der klassischen Gasthausküche als stilbildend für zahlreiche heutige Wirtshausküchen.

> **Frau Liesl's Tipp**
> Guter Bratensaft: Die bei dem Braten befindlichen Knochen zerhacken, mit kaltem Wasser aufstellen und mit etwas Wurzelwerk und etwas Salz einige Stunden zu einer dicken Brühe einkochen.

Der Grünauer ist aber eigentlich kein Beisl, sondern ein Gasthaus, und zwar eines der ganz besonderen Art. Zum Grünauer geht man, um die gepflegte Alt-Wiener und pannonische Küche und vor allem deren Grünauer'sche Erweiterungen zu genießen: den Bauernschmaus, tituliert als „garniertes Sauerkraut“, das Spanferkelsülzchen, die Rindsrouladen, das Backhendl, den Krautstrudel, das Schnitzel – natürlich mit Vogerlsalat –, das Szegediner Gulasch mit Knödel, Kalbsnieren mit Rotweinzwiebeln, Kalbszüngerl mit Grammelschmarren, gebackene Surschnitzel,

Eines der wichtigsten Beisln im Bezirk

Gepflegte Küche und tolles Weinangebot fern aller Hektik

gekochtes mageres Meisel, Letschobraten, Kaiserfleisch mit Linsen, Speckknödeln mit Ei und Böhmischen Mohnpalatschinken sowie alle saisonalen Spezialitäten.

Ein großartiges Weinangebot mit Weinen aus Österreich, Italien und Frankreich begleitet die Köstlichkeiten aus der Küche und trägt das seine zum vergnügten Wohlbefinden der Gäste bei.

Die Einrichtung ist sympathisch einfach und verbreitet eine Atmosphäre der Gemütlichkeit, bei der man sich gerne ohne Hektik den Hervorbringungen aus Grünauers Küche und Keller hingibt. Absolut notwendig ist eine Tischreservierung, bevor man sich aufmacht in die Hermanngasse – benannt nach dem Schottenpriester Hermann Gaunersdorfer, lustigerweise nicht nach seinem Familien-, sondern seinem Vornamen, vielleicht war Gaunersdorfer irgendwie anstößig –, sonst kann es passieren, dass man vor der Tür steht und dort allenfalls die zahlreichen Auszeichnungen studieren kann, aber keinen Platz im Gasthaus bekommt, um am eigenen Leib nachzuvollziehen, wofür diese Auszeichnungen vergeben wurden. Es gibt Freunde und Gäste des Grünauer, die dieses Paradebeisel als unersetzbar in der hiesigen Gasthauswelt bezeichnen, und sie meinen das sehr ernst.

Herbert Hausmair, Chef im eigenen Wirtshaus

Hausmair's Gaststätte

1070 Wien, Lerchenfelder Straße 73, Tel. 0676/754 60 18
www.hausmair.at, Montag bis Freitag 11 bis 23, Juli bis August
Montag bis Donnerstag 11 bis 23 Uhr
Mittagsmenü | Schanigarten für 25 Personen

Die heutige Hausmair's Gaststätte war früher das Wegenstein, ein klassisches Beisl, in dem junge Menschen immer wieder aufs Neue erfahren durften, was es denn ausmacht, das typische urige Wiener Beisl. „Learning by doing" und „Teilnehmende Beobachtung" hießen die hier angebotenen Übungen, und die Studenten waren zahlreich und wissbegierig. Alle Merkmale, die ein echtes Beisl ausmachen, waren hier in nahezu unverfälschter Form anzutreffen: die Einrichtung mit viel dunklem Holz, die Schank, der kleine Schanigarten an der Lerchenfelder Straße, der Wirt und natürlich die Gäste, die ihre Beislprüfung schon lange hinter sich hatten und stolz in den Stand der Stammgäste aufgestiegen waren.

Als dann der Herr Wegenstein sein Gasthaus zusperrte, war der Jammer groß unter den zahlreichen Freunden des Hauses und die Befürchtungen, die mögliche Nachfolge betreffend, vielfältig.

Aber es kam, wie es nicht besser kommen konnte. Herbert Hausmair, der schon in Lokalen wie dem Wickerl in der Porzellangasse oder dem „Radler" in der Cottagegasse die Wiener Beislkultur lebte und schon lange ein Freund des Gasthauses an der Lerchenfelder Straße war, übernahm das Wegenstein und machte daraus „Hausmair's

Gaststätte". Wer ein Freund des alten Gasthauses Wegenstein war, konnte im neuen Hausmair natürlich nicht alles umkrempeln. Und so ist, mit wenigen notwendigen Veränderungen, Hausmair's Gaststätte noch genauso ein uriges Beisl wie es das Wegenstein in seinen besten Zeiten war. Die Gäste wissen es zu schätzen.

Hat sich die Einrichtung und Atmosphäre des Wirtshauses nicht groß geändert, so hat sich doch auf der Speisekarte einiges getan. Am besten, man beginnt gleich mit Hausmairs Wirtshausklassikern: Wiener Rindsgulasch vom Wadl, Szegediner Krautfleisch mit Bio-Erdäpfel, gebackenes Karreeschnitzerl, gekochtes Rindfleisch vom Mostviertler Jungrind, klassisches Reisfleisch, nach Wunsch „saftig-potzert oder scharf", Salonbeuschel, Kuttelgerichte, Nierndl und Leber. Und dann gibt es auch wunderbare kleine Feinheiten wie Sardellenringe mit Butter und Brot oder faschierte Laberl.

Besonderer Wert wird beim Hausmair auf die Herkunft der eingesetzten Waren gelegt, und selbstbewusst werden alle Lieferanten angegeben, etwa die Fleischerei Hürner aus dem Mostviertel, die alle Fleischprodukte liefert, der Gurken-Leo vom Naschmarkt, der das Kraut zum Szegediner bringt, oder die Bäckerei Schmidl, die das original Wachauer Laberl bäckt. Wie beim Wein wird auch beim Bier auf ein besonderes Angebot geachtet, und so gibt es neben dem Ottakringer Bier aus dem Bezirk in der Verlängerung der Lerchenfelder Straße auch das in Wien recht seltene Salzburger Weiße aus der gleichnamigen Salzburger Privatbrauerei. Auf diese Art dürfen Veränderungen sogar in klassischen Beisln passieren.

Erneuert, aber unverändert klassisch

Alt Wiener Gastwirtschaft Schilling

1070 Wien, Burggasse 103, Tel. 01/524 17 75
www.schilling-wirt.at, täglich 11 bis 24 Uhr
Mittagsmenü | Schanigarten für 28 Personen

Die Gastwirtschaft Schilling hat ob ihres schönen Namens schon viele eigenartige Fragen über sich ergehen lassen müssen, etwa, ob mit der Euroeinführung das Schilling zum Euro würde, oder, ganz aktuell, ob der reiche Onkel aus Kanada mit seiner Forderung, Österreich müsse zurück zum Schilling, nicht das schöne, alte Gasthaus an der Burggasse gemeint haben könnte. Wäre aber ohnedies nicht notwendig, denn das Gasthaus Schilling ist auch ohne die verrückten Ideen des milliardenschweren Pferdefreundes gut besucht, und bezahlt wird in Euro.

Die Gastwirtschaft Schilling ist ein ganz wunderbares Lokal, das mit einer herrlichen Schank und freundlichem Mobiliar gesegnet und sich dieser Startvorteile auch durchaus bewusst ist. Bereits 1898 bestand an dieser Adresse ein Wirtshaus, das in den Fünfzigerjahren den vertrauenerweckenden Namen „Gasthaus zur Gemütlichkeit" trug. In dieser Zeit erhielt das Lokal auch sein heutiges Aussehen und die wunderbare Einrichtung. Später wurde die Gemütlichkeit „Zum Burgenländer", dann „Zum Waldviertel", in der Folge hatte es auch noch einige andere Namen, bis es zum weithin bekannten und beliebten Pontoni wurde, um 1999 schließlich unter Markus Schilling das heutige Schilling zu werden. Die einmalige Einrichtung hat diese wech-

Die wunderbare Bretschneider-Schank

Schilling, ein Gasthaus mit Gemütlichkeit

selvolle Geschichte ohne nennenswerte Veränderungen überstanden: holzgetäfelte Wände, ein einfacher Gussboden und vor allem die herrliche Bretschneider-Schank bestimmen das Ambiente des Beisls.

In guter Umgebung lässt es sich leicht wohlfühlen, vor allem, wenn das, was von der Küche auf den Tisch kommt, mit dieser Umgebung konveniert, wie der alte Wiener sagen würde. Kurz: Die Küche bietet das, was man sich in einem so wunderbaren Wirtshaus erwarten möchte, traditionelle Wiener Gerichte und Hausmannskost auf zeitgemäßem Niveau, verfeinert und ohne Schnörkel. Ein Schweinsbraten ist ein Schweinsbraten, ein Schnitzel ein Schnitzel und ein Erdäpfelsalat ein Erdäpfelsalat, nur dass all das eben besonders fein ist im Schilling. Daneben bietet die Karte geeiste Gurkensuppe, panierte Fleischlaberl – sehr köstlich und leider immer seltener zu finden –, ausgelöstes Backhuhn aus der Pfanne, Wiener Saftgulasch mit Serviettenknödel, in der Schwammerlsaison alles, was man aus Eierschwammerln machen kann, in der Spargelsaison, was der Spargel hergibt.

Die meist jungen oder jung gebliebenen Gäste trinken dazu Wein von Igler, Gsellmann, Wieninger oder Umathum oder genießen ein frischgezapftes Villacher oder Schleppe-Bier.

Und wenn man nicht der Küche oder des Bieres wegen hierher käme, dann käme man wohl hierher, um einen Blick auf die wunderbare, bestens erhaltene Bretschneider-Schank – so etwas wie der Bugatti unter den Schankanlagen – zu werfen, fast wie die Herrschaften, die Ähnliches in der Peepshow vis-à-vis tun. Vielleicht kommen die ja hinterher auch kurz ins Schilling, um sich im Angesicht der majestätischen Schank abzukühlen.

Schreiners Gastwirtschaft

1070 Wien, Westbahnstraße 42, Tel. 01/990 37 83, www.schreiners.cc
Dienstag bis Freitag 17.30 bis 24 Uhr, Feiertag geschlossen
CC | Gastgarten im Innenhof für 50 Personen

Wenn man es klug einrichtet und vorausschauend plant, kann man in Schreiners Gastwirtschaft sehr schön Urlaub machen, mitten in der Stadt. Dann geht man drei Tage lang nicht aus dem Haus und hat eine wunderbare Zeit im siebten Wiener Gemeindebezirk verlebt, vielleicht nicht viel Sport betrieben, sich aber bestens erholt und hervorragend gegessen, da hält man es schon einige Tage aus.

Möglich wird der Kurzurlaub in Neubau dadurch, dass der Schreiner nicht nur ein tolles Gasthaus ist, sondern auch noch fünf sehr schöne und geräumige Gästezimmer anbietet.

Das Gasthaus selbst ist recht klein, aber groß in seinem Anspruch. Das beginnt schon bei der kompromisslos klassischen Einrichtung, der herrlichen Schank, die den Gast empfängt, und setzt sich fort im wunderbaren Hofgarten.

Die Küche bietet Wiener Klassiker, fein erweitert und modernisiert, und Ausflüge ins Mediterrane. Auf der Karte finden sich dann zart angeräuchertes Waldviertler Forellenfilet – à la minute, geräuchert im hauseigenen kleinen Räucherofen – neben Miesmuscheln, Rehmedaillons neben hausgemachten Limettennudeln mit Garnelen, die Karte bietet aber auch gebratene Reinanke, Wilschweinwürstel,

Durch und durch ein Spitzenwirtshaus

Urlaub mitten in der Stadt

Rostbarten und Lammragout. Den Abschluss bilden Topfenknödel, Zwetschkenröster oder die herrlichen, doppelt gefüllten Waldviertler Mohnknödel.

Die feine Weinauswahl entspricht dem Angebot der Küche und lässt keine Wünsche offen. Dass dazu noch die Preise bei der Qualität recht moderat sind, macht den Besuch in Schreiners Gastwirtschaft auch unter diesem Aspekt sehr erfreulich. Allerdings wird man ohne vorherige Reservierung kaum einen Platz bekommen, zu begehrt sind die wenigen Tische, und wir sind hier ja in der Westbahnstraße und nicht am Highway 41 in Wisconsin. Dort nämlich, in Fond du Lac, ist Schreiner's Restaurant ein Betrieb mit 150 Beschäftigten, wo im Schnitt täglich 1700 und pro Jahr mehr als 600.000 Gäste abgefertigt werden.

Frau Liesl's Tipp

Rindsbraten mürbe machen: Am Vorabend dünn mit einer Schicht Senf überstreichen, die man vor dem Braten wieder abwäscht.

Interessant wäre es zu sehen, wie die Gäste von Schreiner's in Wisconsin auf die Qualität, die im heimischen Schreiners geboten wird, reagieren. Es ist anzunehmen, dass sie einen Auswanderungsantrag nach Österreich stellen und um kulinarisches Asyl ansuchen würden.

Wirtshaustradition seit über 200 Jahren

Zur Stadt Krems

1070 Wien, Zieglergasse 37, Tel. 01/523 72 00, www.zurstadtkrems.at
Montag bis Freitag 11 bis 23.30 Uhr

Mittagsmenü und Tagesteller | Großer Gastgarten im Innenhof

Das Gasthaus „Zur Stadt Krems“ liegt inmitten der ehemaligen Vorstadt Schottenfeld. Kaiser Joseph II. förderte in dieser Gegend die Ansiedlung von Fabriken zur Erzeugung von „Seidenzeug und Samt“, was den dort wohnhaften Fabrikanten, meist „Band- und Dünntuchmacher“, einen ansehnlichen Reichtum und dieser dem Schottenfeld den Beinamen „Brillantengrund“ einbrachte. Berühmtheit über die Landesgrenzen hinaus erlangte das Schottenfeld aber nicht nur seiner wohlhabenden Bewohner wegen, sondern auch durch den Apollosaal, einen 1807 von Siegmund Wolfsson errichteten gigantischen Ballsaal, der 8000 Tänzern Platz bot. Hier tanzte der Wiener Kongress. Zu dieser Zeit bestand das Haus, in dem sich heute die Gastwirtschaft „Zur Stadt Krems“ befindet, schon seit dreißig Jahren, und als das Gebäude des ehemaligen Apollosaals, inzwischen schon lange von einer Seifensiedergesellschaft für ihre Zwecke adaptiert, dann 1876 abbrannte, hieß das Gasthaus „Zur Stadt Krems“ seit beinahe zwanzig Jahren schon so wie heute. Der letzte Höhepunkt in

der langen und bewegten Geschichte des Hauses war 2011 die Übernahme des Lokales durch die Betreiber des Gasthauses Steman in der Otto-Bauer-Gasse, das klingt irgendwie auch bisschen nach Leonard Cohen : First we take Stadt Salzburg, than we take Stadt Krems.

Das kleine Gasthaus an der Zieglergasse ist also schon seit sehr vielen Jahren eine bekannte Wiener Wirtshausadresse und ein besonders schönes Lokal dazu. Vom sympathischen Schankraum aus kommt man in zwei wunderbare Gasträume mit Stofftapeten, Parkettboden, Holzvertäfelung und gedeckten Tischen und weiter in einen schönen Gastgarten, ach ja, eine alte Kegelbahn gehört auch noch dazu. Diese Räume umgeben das Zentrum des Wirtshauses, die Küche, wo köstliche Speisen zubereitet werden. Die umfangreiche Speisekarte bietet alles, was die Wiener Gastronomie ausmacht, vom einfachen Blunzengröstl bis zum feinen Zwiebelrostbaten, nicht zu vergessen die Innereienspezialitäten und täglich ein Menü und einen Tagesteller. Je nach Saison findet die Karte Erweiterungen mit Spargel-, Pilz- und Wildspezialitäten.

Das Traditionsgasthaus am Schottenfeld zählt auch unter der neuen Führung viele Freunde und Stammgäste, die hier erfahren, was ein richtiges Wirtshaus ausmacht. Gut, dass es so etwas noch gibt, schön dass es erhalten blieb.

Stofftapete: heute ein seltenes Ausstattungsdetail

Wohin Sie in Mariahilf und Neubau noch sollten:

Zum Haydn

1060 Wien, Haydngasse 7
Tel. 01/597 21 60
www.zumhaydn.com, Jänner bis April Di–Sa, Fei 16–23, Mai bis Dezember Mo–Sa, Fei 16–23 Uhr
CC | ❋ Gastgarten für 50, Terrasse für 40 Personen

Der einzige uns bekannte Stadtheurige Mariahilfs, beheimatet in der nach Joseph Haydn benannten Gasse. Geboten werden hier kaltes und warmes Buffet und österreichische Weine. Schöner Hofgarten.

Sopherl am Naschmarkt

1060 Wien, Linke Wienzeile 34
Tel. 01/581 03 00, Mo–Fr 8–24, Sa, So, Fei 4–24 Uhr
🍴 Mittagsmenü | CC | ❋ Schanigarten für 24 Personen

Urgestein unter den Naschmarkt-Beisln mit Wiener Hausmannskost.

Gasthaus T'schani

1060 Wien, Marchettigasse 1,
Tel. 01/597 31 46, www.gasthaus-tschani.at, Mo–Fr 6–22, So, Fei 8–16 Uhr
🍴 Mittagsmenü | CC

Wiener und saisonale Küche. Wen morgens schon der Hunger plagt, dem wird hier geholfen.

Hirsch und Kamel

1070 Wien, Stuckgasse 6,
Tel. 01/236 01 08, www.hirschundkamel.at, Di–Sa 10–24 Uhr
🍴 Mittagsmenü | CC | Schanigarten für 28 Personen

Okzident trifft Orient in einer spannenden österreichisch-persischen Küchenfusion. Gerichte werden von österreichischen oder persischen Speisen abgeleitet, wodurch neue Kreationen entstehen. Das klingt dann so verlockend wie Klare Rindsuppe mit Minzfrittaten, Selchschopf mit Koriandererdäpfeln oder Fleischstrudel mit Chili-Kreuzkümmel-Joghurt.

Schnitzelwirt

1070 Wien, Neubaugasse 52,
Tel. 01/523 37 71, Mo–Sa 10–23 Uhr, Fei geschlossen
🍴 Mittagsmenü | ❋ Schanigarten für 30 Personen

Paradies für Schnitzelliebhaber. Große Portionen und nicht selten nimmt manch einer noch ein Stück davon mit nach Hause.

Witwe Bolte

1070 Wien, Gutenberggasse 13,
Tel. 01/523 14 50,
www.witwebolte.at,
tägl. 11.45–23.30 Uhr,
im Winter tägl. 11.30–15.30 und 17.30–23.30 Uhr
🍴 Mittagsmenü | CC | ❋ Gastgarten für 120 Personen

Das ältestes Lokal am Spittelberg, schon eher Restaurant als Gastwirtschaft. Die Küche bietet Alt-Wiener Hausmannskost aus biologischen Zutaten in gediegener Beislatmosphäre.

Josefstadt und Alsergrund

Die bürgerliche Josefstadt hat eine sehr lebendige Gastronomieszene. Zahlreiche In- und Szenebeisln wechseln mit den unterschiedlichsten Ethnoküchen: So wird hier böhmisch, dalmatinisch, kroatisch, griechisch, polnisch, spanisch, japanisch, thailändisch, chinesisch, persisch, mexikanisch und vor allem italienisch gekocht.

Zahlreiche neue Lokale ergänzen heute das Angebot der Josefstädter Gastroszene. Entlang der Florianigasse hat sich eine veritable Lokalmeile entwickelt, wie sie so sonst kaum in der Stadt zu finden ist. In der Josefstadt sind aber auch noch einige wichtige Traditionslokale und klassische Wiener Gasthäuser zu finden.

Der Alsergrund kann mit zahlreichen wichtigen und interessanten Gebäuden aufwarten: Altes und Neues Allgemeines Krankenhaus, Narrenturm, Museum der Geschichte der Medizin, Nationalbank, Straflandesgericht, Votivkirche, Rossauer Kaserne, Wirtschaftsuniversität, Palais Liechtenstein und Strudelhofstiege.

So unterschiedlich wie diese Gebäude sind die Lokale, die am Alsergrund anzutreffen sind. Jahr für Jahr werden neue Lokale eröffnet, andere geschlossen. Wo so vieles kommt und geht, sind die alten und typischen Wiener Wirtshäuser eine wichtige Konstante. Am Alsergrund gibt es so viele Lokale, Beisln und Wirtshäuser, dass es zweifelhaft erscheint, ob es zu schaffen ist, alle zu besuchen. Einen Versuch ist es allemal wert.

„Bier oder Wein, was darf's sein?"

Gastwirtschaft Blauensteiner

1080 Wien, Josefstädter Straße 4/Ecke Lenaugasse 1

Tel. 01/405 14 67, www.gastwirtschaft-blauensteiner.at

täglich 11 bis 23.30 Uhr

Mittagsmenü | Schanigarten für 40 Personen

Das „Gasthaus Blauensteiner – Zur Stadt Paris" hatte einen regelrechten Dornröschenschlaf hinter sich, als es 2009 wieder frisch und munter erwachte.

Frau Liesl's Tipp

Nieren und Leber dürfen immer erst nach dem Kochen oder Braten gesalzen werden, so bleibt das Fleisch saftig.

Das Beste daran ist, dass es im Schlaf nicht einer vorgeblichen Schönheitsoperation unterzogen worden ist und bis zur Unkenntlichkeit modernisiert wurde.

Natürlich ist das Lokal nicht so geblieben, wie es war, aber was hier gemacht wurde, gleicht eher einem behutsamen wiederherstellungschirurgischen Eingriff als einer plastischen Operation, sodass das Wirtshaus nach wie vor wie das ehemalige Blauensteiner wirkt.

Die alte Schank ist tiefgrün, an der Wand über der Kühlanlage hängen zwei schöne, alte Hinweisschilder auf Wein und Bier, die fast wie ein doppeltes Damoklesschwert wirken und dem Gast die Entscheidung zwischen Bier und Wein schwermachen. Der Schankraum ist ein kommunikativer Ort, wo immer freundliche Menschen sitzen, um sich zu unterhalten, dahinter befindet sich ein „Speisezimmer" und vor dem Gasthaus an der Lenaugasse – Aug in Aug mit dem legendären Café Eiles – ein sehr schöner Schanigarten. Direkt an den Schanigarten schließt das Kabarett Niedermair an, was gut passt, denn Kabarettbesucher sind üblicherweise auch geübte Wirtshausbesucher.

Vom Schankraum aus führt eine Treppe in das Doderer-Stüberl, wo der Doderer-Stammtisch residiert und wo private Feste und Firmenfeiern abgehalten werden.

In der Zeit, als das Blauensteiner geschlossen war und nur Elfriede Blauensteiner, auf ihre Weise, dafür sorgte, dass der Name nicht in Vergessenheit geriet, war das große, runde, weithin sichtbare Hubertus-Bräu-Leuchtschild über der Eingangstür der wichtigste Hinweis, dass hier einmal ein Wirtshaus war.

Das Hubertus Bräu, der Selbstbeschreibung nach die älteste Brauerei Österreichs und von seinen Freunden liebevoll Hirschenbier genannt, gibt es auch heute noch, Lager, Pils und das Keltenbier sowie das Hubertusschild über dem Eingang weisen auch heute noch dem Gast den Weg „Zur Stadt Paris".

Die Karte bietet Klassisches, zum Beispiel Sulz von zweierlei Stelzen, geröstete Nierndln, geschmorter Ochsenschlepp, Kalbsrahmgulasch, Bandnudeln mit Eierschwammerln, Blunzenpudding, geschmorte Kalbsvogerl, gekochte Rinderbrust und vieles mehr. Erich Lentsch, der Chef des Hauses, hat im Steirereck gelernt und kreiert im Blauensteiner eine Küchenlinie mit einem herrlichen Nebeneinander von traditionellen und zeitgemäß interpretierten Speisen.

Das Inventar hat den Dornröschenschlaf unbeschadet überstanden

Franz

1080 Wien, Florianigasse 19, Tel. 01/947 84 00, www.lokal-franz.at
Dienstag bis Samstag 11 bis 23 Uhr
Mittagsmenü | Schanigarten für 16 Personen

Die Florianigasse in der Josefstadt ist eine regelrechte Wirtshausmeile. Wer alle Lokale testen will, hat einiges vor und danach etliches hinter sich.

Weshalb die Florianigasse eine der dichtesten Gastrogassen der Stadt überhaupt ist, weiß niemand. Manch einer sagt, es läge an der Nähe zur Universität und den Studenten, dem Rathaus oder an den lustigen Josefstädtern selbst.

Es hat schon Erst- und Mehrfachbesteigungsversuche gegeben, die mit dem Vorsatz, in jedem Lokal der Florianigasse, beginnend bei der Landesgerichtsstraße, ein Seidel Bier zu trinken, die Eroberung der Floranigasse angegangen sind. Die meisten mussten auf halber Strecke abbrechen, und die waren schon sehr gut trainiert, andere sind irgendwo unterwegs verschwunden und bis heute verschollen. Eine gelungene Erstbesteigung ist nicht bekannt, zumindest nicht dokumentiert. Wahrscheinlich haben inzwischen mehr Menschen alle 8000er bestiegen als die Florianigasse in ihrer vollen gastronomischen Dimension durchmessen.

Wer keinen Gastromarathon absolvieren möchte, sondern ein gutes Wirtshaus sucht, ist im Franz, sozusagen die Halbstation der Floria-

Gastfreundliche Wirtsleute im Franz

Das Detail an der Schank stimmt inhaltlich sicher nicht

nigasse, bestens aufgehoben, entweder in den gemütlichen Gasträumen oder im kleinen Schanigarten an der Florianigasse. Wo heute das Franz ist, war bis vor kurzem noch das Gasthaus Hummer, ein sicherer Tipp für all jene, die ein bodenständiges Gasthaus in der beislarmen Josefstadt suchten. Die einfache Einrichtung, die typische Gasthausatmosphäre und das klare Angebot an traditioneller Hausmannskost machten das Hummer berechenbar und sympathisch, ein aufrechter Beislfelsen in der Gastronomiebrandung und unter den zahlreichen Lokalen entlang der Florianigasse ein beständiger Fixpunkt.

Heute ist das „Franz" hier, und alles ist so, wie es war, nur besser und noch engagierter. Der Wirt Franz Marchart ist Dank familiärer Prägung und jahrelanger Erfahrung, etwa als Wirt des Weinhauses Arlt, Gastronom mit Leib und Seele, und er kocht auch so. Neben den Klassikern der Wiener Wirtshausküche gibt es immer wieder Spezialitäten wie Alpensaibling, Garnelen auf Krautfleckerl, Kuttelflecksuppe, Lamm in verschiedenen Variationen, Kalbsbeuschel und andere Innereien. Besonderer Wert wird auf die Qualität der Ausgangsprodukte und die Beständigkeit der Lieferanten gelegt. Soweit möglich, gilt das Motto: Lokal und regional.

Eine feine Weinauswahl und gezapftes Piestinger und Villacher Bier begleiten das Angebot aus der Küche.

So professionell wie das Wirtshaus ist auch der Internetaufritt, oder umgekehrt, auf jeden Fall kann man sich hier online schon einen sehr guten Eindruck davon verschaffen, was einen analog dann erwartet, und das ist immer gut.

Die zentrale Schank im Heidenkummer

Heidenkummer

1080 Wien, Breitenfelder Gasse 18, Tel. 01/405 91 63
www.heidenkummer.at
Montag bis Freitag, Sonn- und Feiertag 8 bis 24 Uhr
Menü | Schanigarten für 30 Personen

Wenn der Heidenschmerz laut dem Deutschen Wörterbuch der Gebrüder Grimm der Schmerz eines Heiden ist, dann müsste der Heidenkummer der Kummer des Heiden sein. Weit gefehlt, der Heidenkummer ist eher eine „Gästefreud" – die Freude des Gastes s.o. – und seit vielen Jahren ein gutbürgerliches Wirtshaus am Breitenfeld im achten Bezirk.

Breitenfeld war bis 1860 eine unabhängige Vorstadt und nahm unter dem ersten Grundrichter Karl Georg Gaber in der ersten Hälfte des 19. Jahrhunderts eine rasante Entwicklung. Am heutigen Albertplatz erbaute Gaber das heute noch bestehende Gaberschlössl und errichtete davor den Isisbrunnen. Unweit des Albertplatzes findet sich das Gasthaus Heidenkummer.

Das ganze Lokal wurde vor einigen Jahren schon umgebaut und sozusagen um die eigene Achse gedreht. Wer den Heidenkummer schon lange nicht mehr besucht hat und schnellen Schrittes das vielleicht noch aus Studententagen altvertraute Lokal betritt, wird mächtig überrascht sein.

Die sehr aufwendige und gefühlvolle Umgestaltung ist durchaus gelungen. Viel Holz, eine zentrale Schank, das Modell eines Doppeldeckers mit Gösseraufschrift und einige Modellschiffe beleben neben einigen anderen, eher wirtshausmäßigen Accessoires wie Weinflaschen, alten Bildern und Reklameschildern die Räume. Ein Gast hat die Atmosphäre des Heidenkummer schon einmal treffend „offensiv gemütlich" genannt.

Die Wirtshausstimmung des Heidenkummer ist jedenfalls geblieben, wie die zahlreichen Stammgäste eindrücklich beweisen, und das Heidenkummer ist nach wie vor eine wichtige gastronomische Institution in der Josefstadt.

Die Küche ist gutbürgerlich und bietet die Wiener Klassiker des Wirtshauses. Unter dem Titel „Jedem Wiener sein Schnitzel" werden Schnitzelvarianten vom Schwein – auf Wunsch in Schmalz herausgebacken –, vom Milchkalb, vom Huhn und vom Surkarre als Cordon bleu oder à la Heidenkummer angeboten. Dazu gibt's verschiedene Fassbiere und eine schöne Auswahl an heimischen Weinen.

In die Begrenzung des schönen Schanigartens ist ein Spruch geätzt: „Ein Leben ohne Freude ist wie eine Reise ohne Gasthaus", dieser etwas schwerfällige Sinnspruch wird dem griechischen Philosophen Demokrit zugeschrieben. Er gilt als letzter „Naturphilosoph" und wurde von seinen Zeitgenossen der „lachende Philosoph" genannt. Diese Bezeichnung prädestiniert ihn natürlich für ein Gasthaus, sollte es dort doch meist fröhlich zugehen.

Besucht man die Homepage des Heidenkummer, begrüßt einen der unvergessliche Roy Black mit seinem herrlichen Schmachtfetzen: „Du bist nicht allein, wenn du träumst heute Abend". Vielleicht ist das ein Hinweis darauf, dass man im Heidenkummer nicht alleine bleibt, oder es ist die Huldigung an einen großen deutschen Schlagersänger, der mehr als eine Generation von Radiohörern beeinflusst hat.

Offensive Gemütlichkeit

Prinz Ferdinand

1080 Wien, Bennoplatz 2, Tel. 01/402 94 17, www.prinzferdinand.at
täglich 11 bis 1 Uhr
Tagesteller | CC | Gastgarten für 65 Personen am Bennoplatz

Das alte Gasthaus am Bennoplatz in der Josefstadt ist benannt nach Prinz Ferdinand. Der erlangte traurige Berühmtheit infolge des Attentats von Sarajevo, dem er und seine Frau Sophie am 28. Juni 1914 zum Opfer fielen und das als Auslöser des Ersten Weltkriegs gilt. Seine morganatische Ehe mit Sophie Chotek war aus Standesdünkeln höchst umstritten. Bevor Prinz Ferdinand gegen alle Widerstände diese Ehe einging, soll er sich angeblich des Öfteren mit Sophie Chotek im heutigen Gasthaus Prinz Ferdinand getroffen haben. Vielleicht haben sie ja in dieser netten Umgebung beschlossen zu heiraten. Neben der offensichtlichen Leidenschaft für Sophie Chotek trieb den Thronfolger auch eine andere, möglicherweise stärker „ans Süchtige grenzende" Leidenschaft an: Er war Jäger. Es ist eine vollständige Schussliste erhalten, aus der hervorgeht, dass Franz Ferdinand im Laufe seines Lebens 274.511 Stück Wild erlegt hat, davon allein im Jahr 1911 18.799 Stück. Sein Tagesrekord lag 1908, an einem Junitag, bei 2763 Lachmöwen.

Von dieser Besessenheit ist im Prinz Ferdinand nichts zu merken, hier hat man sich offensichtlich mehr an der romantischen Ader des Thronfolgers orientiert.

Altes Gasthaus in altem Gemäuer ...

... wo schon Prinz Ferdinand tafelte

Der Namensgeber des wunderbaren Gasthauses am Bennoplatz konnte aber sicher nicht die Qualität genießen, die das heutige Lokal bietet. Er war ohnedies anderweitig beschäftigt.

Die Substanz des Prinz Ferdinand ist uralt, und es hat wohl auch immer schon ein Gasthaus an dieser Adresse bestanden. Das heutige Prinz Ferdinand hat aber mit dem ehemaligen Lokal nur mehr den Platz gemein. Gefühlvoll und ambitioniert wurde – inzwischen ist das auch schon einige Zeit her – ein neues Lokal in alten Gemäuern untergebracht, und das so passend, dass nur wenige auf die Idee kommen, das Lokal bestünde nicht schon seit Jahrzehnten, wenn nicht Jahrhunderten.

Im Sommer ist der schattige Gastgarten mit den grünen Holzmöbeln am Bennoplatz eine herrliche Alternative zu den schönen Gasträumen, die das richtige Ambiente zur zeitgemäß verfeinerten Wiener Küche des Prinz Ferdinand bieten. Zum Beispiel hausgemachte Prinz-Ferdinand-Maultaschen, je nach Gusto mit vegetarischer oder nichvegetarischer Füllung, Rindfleischsalat, gebackenes Welsfilet, Filets vom Bodenseefelchen, gebratene Maishähnchenbrust, geschmorte Mangalitzakeule, glasierte Kalbsleber, Rostbraten, Kalbswiener, danach hausgemachte Mehlspeisen oder Käse von Vorarlberger Sennereien – den haben die Bodenseefelchen auf ihrer Reise mitgebracht. Franz Ferdinand und seine Sophie hätten ihre Freude, auch wenn kein Wild auf der Karte steht, dafür gibt es eine schöne Weinkarte mit etlichen österreichischen und italienischen Weinen. Wem der Sinn mehr nach Bier steht, der ist im Prinz Ferdinand ebenfalls gut versorgt, vor allem im Sommer, wenn zwei Biersorten auch in den vertrauenerweckenden und sehr vernünftigen Maßkrugeinheiten ausgeschenkt werden, zum Wohl.

Im wunderbaren Garten …

Weinstube Josefstadt

1080 Wien, Piaristengasse 27, Tel. 01/406 46 28

täglich 16 bis 24 Uhr, Jänner bis März Winterpause

Gastgarten im Innenhof für 80 bis 100 Personen

Mitten in der Josefstadt findet sich, versteckt in einem Innenhof der Piaristengasse, mit der Weinstube Josefstadt ein herrlicher Platz, so außerhalb der Stadt, wie es in der Josefstadt nur sein kann. Durch einen schmalen Gang gelangt man in einen gar nicht so kleinen, langgezogenen, wunderbaren Hofgarten mit altem Baumbestand, efeuberankten Mauern, zahlreichen Tischen und Bänken und einem kleinen, pavillonartigen Gartenhaus, einem klassischen Salettl eben, wie es typisch war für die bürgerliche Freizeitgesellschaft des 19. Jahrhunderts. Sehr besonders ist auch der einzelne Tisch an der Feuermauer, der mit einem Wellplastikdach eine ganz kleine Gesellschaft vor Regen schützen kann. Vom Hof gelangt man in das schlichte, eingeschoßige Lokal, das auch einer größeren Gesellschaft Schutz vor Wind und Wetter bieten kann und wo sich vor allem das klassische Heurigenbuffet befindet. Die Weinstube Josefstadt ist ein kleiner Heuriger, der nichts von dem vermissen lässt, was wir uns von den berühmten Wie-

Frau Liesl's Tipp
Zarter, feiner Kalbsbraten: Den Knochen der Keule auslösen und in das Loch Butter hineinlegen. Das reichliche Bratenfett lässt sich wieder zu anderen Speisen verwenden.

... des Stadtheurigen in der Josefstadt

ner Heurigen erwarten: Atmosphäre, Stimmung, ein Heurigenbuffet mit faschierten Laberln, Fleischknödeln, Sulz, Braten und Schmalz, Quargelaufstrich und allem, was man bei einem „richtigen" Heurigen nicht schöner bekommen kann, und natürlich der entsprechende Wein dazu: Gspritzter, Grüner Veltliner, Welschriesling, Weißburgunder, Blauer Portugieser, Zweigelt und im Herbst Sturm. Wein und Speisen sind an der Wand klassisch an Kreidetafeln angeschrieben.

Obwohl vermeintlich gut versteckt, hat die Weinstube Josefstadt viele Freunde gefunden. Das ist einer der Orte, um die Wien beneidet wird, wo plötzlich inmitten der Stadt ein kleiner Heuriger aus dem Boden wächst, und es ist auch eine gute Möglichkeit, Freunden aus dem Ausland oder fernen Bundesländern einen Heurigen zu zeigen, ohne den langen Weg nach Nußdorf, Grinzing oder Stammersdorf machen zu müssen, weil ein Wienbesuch ohne Heurigen ja keinen kompletten Eindruck der Stadt verschaffen kann.

Gerne verschwinden auch Einheimische in dem kleinen Hauseingang, der nur mit einem metallenen Weinlaubkranz gekennzeichnet ist und nicht laut schreit: Hier bin ich. Im Winter bleibt der Heurige zur Erholung der Wirtsleute und der Gäste geschlossen. Die Weinstube Josefstadt erinnert auch ein wenig an die früher noch zahlreichen „Stadtheurigen". Die Weinstube Josefstadt ist kein Beisl, aber eine urwienerische Weinwirtshauszumwohlfühlengastronomie.

Wo schon vor vielen Jahren dem Beislsterben Paroli geboten wurde

Gasthaus Wickerl

1090 Wien, Porzellangasse 24a, Tel. 01/317 74 89
Montag bis Freitag 9 bis 24, Samstag 10 bis 24, Sonn- und Feiertag 10 bis 23 Uhr, Juli und August Sonn- und Feiertag 17 bis 23 Uhr

Mittagsmenü | CC | Schanigarten für 40 Personen

Als in den Achtzigerjahren allerorten vom Beislsterben und dem endgültigen Aus dieser Wiener Institution die Rede war, fanden sich hier im Wickerl Gäste ein, die von diesen Untergangsszenarien ganz unberührt blieben und das Wickerl ganz selbstverständlich zu ihrem Stammlokal gemacht haben. Dass es lange Zeit eines der wichtigsten Wirtshäuser im Bezirk mit teilweise durchaus prominenter Besetzung war, hatte aber nicht nur mit der tollen Lage und der schönen Einrichtung zu tun, sondern vor allem auch mit dem hervorragenden und damals so gar nicht mehr alltäglichen Angebot, Wiener Wirtshausküche nämlich, klassisch und gut, wo auch Beuschel, Hirn mit Ei, gebackene Leber oder Blunznradl eine Rolle spielen durften.

Kurzerhand wurde das Wickerl damit zum Bezirkswirtshaus ernannt, wo sich alles trifft und Informationen und Geschichten ausgetauscht werden, aber vor allem Biere und Weine und feine Wiener Hausmannskost gegen die landesübliche Währung getauscht werden.

Die ehemaligen Wirtsleute des Wickerl sind inzwischen schon lange einige Bezirke weitergezogen, in Wien-Landstraße setzen sie jetzt im Stadtwirt das fort, was sie im Wickerl begonnen haben.

Trotzdem ist das Wickerl geblieben, was es war – eine ganz und gar nicht alltägliche Entwicklungsgeschichte. Heute ist das Wickerl schön und klassisch wie eh und je, ein urgemütliches Wirtshaus mit wunderbarer Einrichtung, einem netten Schanigarten an der Porzellangasse, einem großen Stehtisch vor der Schank und traditionellen Beislgerichten, mit Stammtisch und Stammgästen, feinen offenen Bieren und etlichen Topweinen. Seine Gäste freuen sich tagtäglich über die Veränderung, die nicht stattgefunden hat.

Große Kreidetafeln an der Wand künden von Spezialitäten wie gekochte Gustostückerl vom Weiderind, Wiener Schnitzel vom Kalb, in Butterschmalz gebacken, oder ausgelöstes Backhenderl mit Erdäpfel-Käferbohnen-Salat. Hier gibt es die Wiener Wirtshausküche in ihrer besonderen Dreifaltigkeit: gekocht, gebraten, gebacken.

Im Sommer sitzen die Gäste im schönen Schanigarten und schauen in großer Ruhe über die Porzellangasse auf den Bauernfeldplatz und dorthin, wo dereinst das herrliche Kaffeehaus Bauernfeld war, ehe die Räumlichkeiten von einer kleinen Gastronomiekette übernommen wurden, die hier dann vor allem Menge, aber kaum Qualität bot. Die Gäste des Wickerl wissen, dass sich Qualität durchsetzen wird, und warten hier, bestens versorgt, bis der Strom der Zeit ein neues und passendes Angebot in das ehemalige Café Bauernfeld spülen wird. Beislgäste können sehr geduldig sein.

Ein gutbürgerliches Wirtshaus

Orlik

1090 Wien, Spittelauer Platz 1, Tel. 01/317 21 04

Montag bis Samstag 10 bis 24, Sonntag 10 bis 15 Uhr

Mittagsmenü | Schanigarten für 90 Personen

Die Burg Orlík nad Vltavou befindet sich, weithin sichtbar, auf einem hohen Felsvorsprung am Ufer der Moldau im Dorf Orlík nad Vltavou in Tschechien.

Das Gasthaus Orlik, auch eine Art Burg im gastronomischen Wien, liegt dagegen etwas verborgen am Spittelauer Platz. Der Spittelauer Platz ist versteckt hinter dem Franz-Josefs-Bahnhof und mit seiner fast kreisförmigen Anlage recht untypisch für Wien. Umgeben von Gemeindebauten und Gründerzeithäusern, ist das Gasthaus Orlik die „Perle" des Spittelauer Platzes. Im Sommer ist es vor allem der schöne, große Schanigarten, der das Orlik schon seit rund hundert Jahren zu einem beliebten Beisl macht, damals allerdings noch unter anderem Namen. Apropos Namen, das heutige Gasthaus Orlik hat schon eine ganze Reihe von ihnen getragen, etwa „Sommer", „Schindler" oder „Staudigl", und so unterschiedlich die auch waren, an der Ein- und Ausrichtung des Beisls hatte das meistens sehr wenig geändert.

Die Ausstattung und Einrichtung des Orlik stammt zwar aus unterschiedlichen Perioden, hat sich aber zu einem guten Ganzen gefügt, und sieht so, wie es sich heute präsentiert, schon seit geraumer Zeit aus. Die Nähe zum Bahnhof ist nicht nur fast spürbar – vor allem

Stammtischzeichen

Stammlokal nicht nur für Bedienstete des nahen Bahnhofs

im Schanigarten, der eine prächtige Aussicht auf die Rückseite der Franz-Josefs-Bahnhof-Überbauung bietet –, sie wird auch in alten Aufnahmen österreichischer Eisenbahnen und Eisenbahnstrecken im Lokal selbst deutlich. Verlässlich und dauerhaft wie die Einrichtung ist das Angebot des Orlik, das die Wiener Wirtshausküche in bekannter Qualität garantiert.

Zu den zahlreichen Stammgästen, die trotz der Namenswechsel – der letzte liegt ja auch schon mehr als zehn Jahre zurück – immer noch recht genau wissen, wohin sie gehen, zählen auch Büro- und Bankangestellte sowie Bahnbedienstete, die hier in der Umgebung arbeiten und sich schon zu Tagesbeginn mit einem kräftigen Frühstück für das Tagwerk stärken oder nach getaner Arbeit hier ein wenig Entspannung und Erholung finden. Dass es dabei beislmäßig zugeht, dafür sorgen Kellner und Gäste, die gleichermaßen für die Feinheiten der gepflegten Beislunterhaltung gut sind. Das Orlik ist also doch eine Burg, eine freundliche aber, und eine Festung in der Tradition des Wiener Wirtshauses, damit alles so bleibt, wie es schon vor Jahren war.

In der Tradition der Stehweinhallen ...

Rebhuhn

1090 Wien, Berggasse 24, Tel. 01/319 50 58, www.rebhuhn.at
täglich 11 bis 24 Uhr, Juli bis August Mo bis Fr 11 bis 24 Uhr
Mittagsmenü | Schanigarten für 60 Personen

Das L-förmige Lokal an der Ecke Berggasse/Schlickgasse ist von seiner Art her irgendwie gar nicht typisch für Wien, obwohl es durch und durch ein klassisch „neues“ Wiener Beisl in alten Räumlichkeiten ist. Das sympathische alte Lokal vermittelt mit seinem langgezogenen Gastraum ein wenig den Eindruck einer Trink- und Esshalle und erinnert damit an die Tradition der Wiener Weinhäuser und „Stehweinhallen“. Schon die lange Schank ist für Wiener Verhältnisse eher unüblich. Hier wäre es einmal angebracht, einen Vergleich mit Lokalen anderer Städte zu ziehen. Haben vielleicht früher Wirtshäuser in Berlin so ausgesehen? Ist aber eigentlich auch egal. Wichtig ist, dass das Rebhuhn mit seinem Dielenboden, der Lamperie, den Tischen und Holzbänken ein besonders stimmiges Lokal ist.

Der Weinhallenanmutung entsprechen neben etlichen Einrichtungselementen die Stehtische gegenüber der Schank. Hier kann man sich schnell und effektiv vom Tag erholen oder für weitere Aufgaben wappnen.

Von außen gibt sich das Rebhuhn mit seinem netten Schanigarten an der Berggasse, dem alten, eindrucksvollen Fassboden als Türrahmen des ehemaligen Eingangs und den mit Weinlaub verzierten Lampen weithin als traditionelles Gasthaus zu erkennen.

Der Schanigarten mit klassischen Holzklappsesseln und -tischen liegt an einer besonders schönen Ecke Wiens. Von hier schaut man entweder auf das Haus mit der legendären Adresse Berggasse 19 und hat einen guten Überblick, wer dort ein und aus geht – was zu Sigmund Freuds Zeiten wahrscheinlich spannender war als heute –, oder man schaut über die Porzellangasse Richtung Servitengasse. Stolz grüßt über einem prächtigen Gebäudeeingang vis-à-vis in goldenen Lettern der Schriftzug „Lohnerwerke ggr 1823" herüber. Viel Geschichte hat sich hier rundherum ereignet. Interessant wäre es zu erfahren, was sich in dieser ehemals großbürgerlichen Umgebung in einem Wirtshaus wie dem heutigen Rebhuhn zugetragen hat.

Heute jedenfalls ist es ein bei Alt und Jung sehr beliebtes Lokal mit klassischer Wirtshausküche. Leberknödel- und Fleischstrudelsuppe, Schweinsbraten und -schnitzel, Tafelspitz und Gulasch, Lammgerichte und Vegetarisches bereichern das Angebot und erfreuen nicht nur das studentische Publikum.

Das Rebhuhn ist gut besucht, Nachbarn aus der Umgebung und viele Studenten kommen hierher, literarische und schauspielende Prominenz schaut hin und wieder rein. Gut möglich, dass in einem der Vorgänger des Rebhuhn einer der berühmten Gäste Sigmund Freud war.

... mit klassischer Wirtshauseinrichtung

Zum Reznicek

1090 Wien, Reznicekgasse 10, Tel. 0699/13 17 91 40
Montag bis Freitag 12 bis 15 und 18 bis 23 Uhr
Mittagsteller | Schanigarten für 50 Personen

Das Lichtental am Alsergrund: einige Häuserblöcke in ruhiger Lage, die sich gerne den Anschein geben, als wären sie ein kleines Dorf inmitten der Großstadt. Hier steht auch die Lichtentaler Kirche, besser bekannt als Schubertkirche. In ihr hat Franz Schubert ab seinem achten Lebensjahr regelmäßig musiziert und am 16. Oktober 1814 aus Anlass des hundertjährigen Kirchenbestehens seine F-Dur-Messe zum ersten Mal aufgeführt. Das Gasthaus Reznicek gab es zu der Zeit natürlich noch nicht, aber ganz sicher einige Wirtshäuser, die die Lichtentaler von damals heimsuchten, denn in Lichtental spielte das Gastgewerbe eine wichtige Rolle. In rund einem Fünftel der Gebäude wurden Gastwirtschaften geführt. Es darf allerdings bezweifelt werden, ob es bereits damals ein Gasthaus gab, das es mit dem heutigen Reznicek in puncto Qualität und Atmosphäre hätte aufnehmen können. Ist dieses doch heute eines der feinsten Beisln am Alsergrund, wo Form und Inhalt wunderbar zueinandergefunden haben und wo der Gast und die Gästin bei feiner Wiener Hausmannskost, ausge-

Frau Liesl's Tipp
Frankfurter bleiben im Eisschrank runzelfrei, wenn sie in eine Lösung aus einem Liter kalten Wasser und zwei bis drei Esslöffeln Salz eingelegt werden.

Zum Reznicek, „Dorfgasthaus" im Lichtental

Klassische Milchglasscheiben zwischen Schankraum und Speisesaal

wählten Weinen und verschiedenen Biersorten vom Fass jene Ruhe und Entspannung finden, die sie in einem „Dorfwirtshaus" suchen. Ein Gasthaus, wie man es sich vorstellt: mit einer wunderbaren, gut erhaltenen Einrichtung aus den Fünfzigerjahren, die sofort eine anheimelnde Gemütlichkeit verströmt, und vor allem mit einem Wirt, der das Wiener Wirtshaus und seine Tradition lebt. Mit Leidenschaft und großer Kompetenz wird hier gekocht. Das beginnt damit, dass auf Qualität und Ursprung der Ausgangsprodukte besonders großer Wert gelegt wird, um dann daraus die Dinge zu zaubern, für die das Reznicek seit Jahren bekannt und beliebt ist. Dazu gehören die schlachtfrisch verarbeiteten Innereien von Nierndl bis Bruckfleisch, das in Butterschmalz gebackene Schnitzel, der Zwiebelrostbraten, das Alt-Wiener Backfleisch und alle anderen Klassiker der Wiener Küche. Auch die Portionen, die hier geboten werden, sind klassisch, das heißt im besten Sinne „ausreichend", dimensioniert. Um das ganze Wirtshauserlebnis abzurunden, bietet auch die Weinkarte Traditionelles, Spezielles und Seltenes.

Wie in einem echten Dorfgasthaus können hier auch Polterabende, Hochzeiten, Promotionsfeiern und alle anderen Familien- und sonstigen Feiern, vom kleinsten Kreis, sprich Einmann-, bis zu recht umfangreichen Besetzungen, abgehalten werden.

Wem's drin zu bunt wird, der setzt sich in den schönen Schanigarten und genießt von hier aus den Reznicek und das alte Lichtental.

Weitere Tipps in der Josefstadt und am Alsergrund:

Schnattl

1080 Wien, Lange Gasse 40
Tel. 01/405 34 00, www.schnattl.com
Mo–Fr 18–24 Uhr
CC | Gastgarten für 40 Personen

Eines der besten Lokale in der Josefstadt. Aus Wilhelm Schnattls Küche kommen Wiener Klassiker und internationale Gerichte der Extraklasse auf den Tisch.

Restaurant Hohensinn

1080 Wien, Fuhrmannsgasse 9
Tel. 01/533 64 64, www.restaurant-hohensinn.at, Di–Fr 11–24, Sa 17–24 Uhr, Fei geschlossen
Mittagsmenü | CC | Innenhofgarten für 45 Personen

Hier werden Innereien wie Beuschel, Nierndln, Kutteln oder Bries in absoluter Spitzenqualität geboten, was nicht oft in Wien der Fall ist.

Gasthaus Zum Kirchenwirt

1080 Wien, Uhlplatz 5
Tel. 01/405 26 77
www.zum-kirchenwirt.net, Mo–Fr 8.30–23, Sa 15–23, So, Fei 10–18 Uhr
Menü | Schanigarten für 50 Personen

Bodenständiges Gasthaus mit Wiener Küche und, wie der Name schon deutlich macht, vis-à-vis einer Kirche, der Pfarrkirche Breitenfeld.

Steindl's Wein- und Bierhaus

1090 Wien, Kinderspitalgasse 12
Tel. 01/405 66 71
Mi–So 8–23.30 Uhr
Mittagsmenü | CC | Schanigarten für 16 Personen

Ein Wein- und Bierhaus im besten Sinn – ein Klassiker, wie er selten zu finden ist. Auf der Speisekarte stehen Alt-Wiener Schmankerln.

Stomach

1090 Wien, Seegasse 26
Tel. 01/310 20 99
Mi–Sa 16–24, So 10–22 Uhr
Schöner Hofgarten für 30 Personen

Eine der ersten Adressen im Bezirk. Gekocht wird innovativ mit ausgewählten österreichischen Qualitätsprodukten.

Zur Goldenen Kugel

1090 Wien, Lazarettgasse 6
Tel. 01/405 83 63
www.zurgoldenenkugel.at
täglich 10–23 Uhr
Mittagsmenü | Gartenterrasse im Innenhof für 20, Schanigarten für 12 Personen

Gepflegtes Restaurant. Kreative Wiener sowie Alt-Wiener Küche, Innereien, saisonale Spezialitäten etc.

Favoriten und Simmering

Favoriten ist der bevölkerungsreichste Bezirk Wiens und damit auch so etwas wie eine Stadt in der Stadt. Der Name Favoriten stammt vom kaiserlichen Lustschloss Favorita. In der jüngeren Vergangenheit spielte Favoriten in der österreichischen Film- und TV-Geschichte eine wichtige Rolle, wohnte doch der „echte Wiener“ Mundl Sackbauer, wenn man so will das „fleischgewordene“ Beisl, in der Hasengasse im zehnten Bezirk.
Kulinarisch hat der zehnte Bezirk neben dem bekannten Eissalon Tichy am Reumannplatz viel Internationales und einige bemerkenswerte Wirtshäuser zu bieten, wobei das wichtigste und beste Meixner's Gastwirtschaft, das wohl urigste das Weinhaus Aellig ist.

Simmering bietet einiges an Klischees, worüber es sich gut und lange im Beisl diskutieren lässt: den großartigen Zentralfriedhof, auf dem bald doppelt so viele Tote begraben liegen, wie in der Stadt Menschen leben, das Renaissanceschloss Schloss Neugebäude, der Alberner Hafen und der Friedhof der Namenlosen, die Gasometer, die Simmeringer Haide, deren Unwirtlichkeit im Volkslied verewigt wurde – „Auf der Simmeringer Had hat's an Schneider verwaht“ –, und das lange Band der Simmeringer Hauptstraße. Hier findet sich mit dem großartigen Weinhaus Hochmayer auch eine der originalsten Stehweinhallen der Stadt. Typische Beisln und Wiener Gasthäuser sind in Simmering noch recht zahlreich anzutreffen, auch das Lokal mit dem eigenartigsten Namen: das Gasthaus zum Friedhof der Namenlosen.

Weinhaus Aellig

1100 Wien, Quellenstraße 65, Tel. 01/604 42 51, Montag bis Freitag 8 bis 21 Uhr, Feiertag geschlossen, August Sommerpause

Mittagsmenü | Schanigarten für 20 Personen

Ein in der deutschen Literatur der Aufklärung des 18. Jahrhunderts bewanderter Gast und großer Freund des Weinhauses Aellig hat die Tatsache, dass Gellertplatz und Gellertgasse nur einen Häuserblock von seinem Lieblingslokal entfernt sind, zum Anlass genommen, ein von Beethoven vertontes Gedicht Christian Fürchtegott Gellerts – nach dem Platz und Gasse benannt sind – in eine „Aellig-Ode" umzudichten:

„Die Himmel rühmen des Aellig Ehre / ihr Schall pflanzt seinen Namen fort / ihn rühmt der Wein, ihn preisen die Biere / vernimm, o Gast, ihr göttlich Wort / vernimm's, und sieh die Wunder der Küche / die dir der Wirt hat hergestellt / verkündigt seine Weisheit und Ordnung und Stärke / dir nicht den Wirt, als den wahren Herren der Welt? / Kannst du das Wesen seines Berufes Schwere / so unduldsam und fühllos beschaun? / Durch wen ist alles? O gib ihm die Ehre / Mir, ruft der Wirt, sollst du vertraun!"

Der Fabel- und Lieddichter Fürchtegott Gellert, der einen Bruder namens „Christlieb Ehregott" (!) hatte, wäre mit der Version vielleicht nicht ganz einverstanden gewesen, hätte sich aber in dem kleinen, authentischen Lokal an der Quellenstraße sicher wohlgefühlt. Das Aellig

Eines der letzten echten Favoritner Beisln

Wo der Wiener Schmäh am Stammtisch zu Hause ist

ist eines der letzten echten Beisln in Favoriten, wo in den letzten Jahren schon so viele Beisln zu Espressos, Pizzerias und Wettlokalen oder Ähnlichem mutierten. Die Einrichtung mit viel Holz, die Schank, das Extrazimmer, der Auerhahn an der Wand, die Kellner, die Gäste und, nicht zu vergessen, der „Dauerschanigarten" an der Quellenstraße, der mit einem Wellkunststoffdach dem Gast bei Witterungswechsel Schutz bietet, machen die einmalige Atmosphäre des Aellig aus. Die Gäste des Aellig sind aber ohnedies recht robust und von ein wenig Regen nicht zu beeindrucken oder gar aus ihrem Schanigarten zu vertreiben. Authentisch und robust ist mitunter auch der Schmäh, der im Aellig rennt. Als Aellig-Beginner sollte man hier zunächst einmal freundlich zuhören, bevor man versucht, sich selbst ins Gespräch einzubringen. Neben anderen alten Bildern und Fotografien hängt hier auch noch ein Schwarz-Weiß-Druck eines berühmten Ölgemäldes von Paul Meissner: „Das Wunderteam". Das Bild der legendären österreichischen Fußballmannschaft, die in den Jahren 1931 bis 1933 14 Spiele in Folge ungeschlagen blieb, gehörte lange Zeit quasi zur Grundausstattung eines Beisls. Heute, wo die Bilanz der österreichischen Nationalmannschaft eher 14 Spiele in Folge sieglos lautet, sieht man das Bild – vielleicht aus Pietätsgründen – nur mehr recht selten.

Die Küche des Aellig ist, wie könnte es auch anders sein, die klassische Wiener Wirtshausküche mit diversen Suppen, Schweinsbraten mit Knödel, Wiener Schnitzel, Spezialgulasch, Bauernschmaus, Selchfleisch mit Kraut und Knödel, gerösteter Leber, Tiroler (!) Leber, Vanille- und Zwiebelrostbraten sowie Eierschwammerln und anderen saisonalen Spezialitäten. Die Portionen und Preise sprechen die Sprache des Beisls: Sie sind großzügig, ehrlich und einfach.

Meixner's Gastwirtschaft

1100 Wien, Buchengasse 64/Ecke Herndlgasse, Tel. 01/604 27 10
www.meixners-gastwirtschaft.at, täglich 11 bis 23 Uhr
Mittagsmenü | CC | Gastgarten für 50 Personen

Meixner's Gastwirtschaft gilt seit Jahren als eines der Highlights der heimischen Gastronomie und ist trotzdem immer noch von vielen, die es suchten, ungefunden geblieben. Es soll schon vorgekommen sein, dass Feinspitze und solche, die es werden wollten, auf der Suche nach dem Meixner und seinen legendären kulinarischen Hervorbringungen irgendwo in dem ihnen ganz und gar fremden Favoriten verlorengingen oder verzweifelt vor einem Würstelstand endeten – sehr traurig!

Frau Liesl's Tipp

Weniger gute Suppe, aber sehr gutes Fleisch erhält man, wenn man Wurzelwerk und Gemüse in das kalte, das Fleisch aber erst in das kochende Wasser gibt.

Das war vor allem zu der Zeit, als der Stern des Meixner erst im Aufgehen begriffen war. Heute, einige Jahre später, leuchtet er hell und klar und lässt keinen Zweifel daran, wer die erste Adresse in Favoriten – sozusagen der kulinarische Leuchtturm – und eine der besten Gastwirtschaften der Stadt ist. Für „Meixner-Anfänger" ist aber der Hinweis, dass die Buchengasse von Amalienbad und Reumannplatz unterbrochen wird, nach wie vor wichtig, um ihnen eine unfreiwillige Favoriten-Tour zu ersparen. Hinterher ist vielleicht der reservierte Platz schon vergeben. Andererseits verfügt ja eh schon jedes

Der Meixner, der gastronomische Stern Favoritens

Spielt in der Liga der außergewöhnlichen Wirtshäuser

Handy über ein Navigationssystem, nur sollte man das Telefon aber auch dafür nutzen, eine Reservierung vornehmen zu lassen, denn die Zahl derer, die wissen, wie und wo das Meixner zu finden ist, ist groß und wird ständig größer, so nach dem Motto „Wer einmal beim Meixner war, geht immer wieder hin".

Beisl im ursprünglichen Sinn ist das Meixner keines, wollte es auch nie sein. Dafür ist es ein perfektes Gasthaus mit wunderbarer Küche, einer sehr bemerkenswerten Weinkarte und ausgesuchten Spezialbieren vom Fass sowie über zehn Biersorten mit Flaschenreife, die sonst nur schwer zu finden sind.

Aufs Erste wirkt das stets gut besuchte Lokal vielleicht wie ein normales, gutbürgerliches Wirtshaus mit gediegener Einrichtung. Wer aber genauer hinschaut, also die Speise- und Weinkarte studiert, merkt sehr schnell, dass hier Außergewöhnliches vor sich geht, erst recht, wer sich den Empfehlungen und herzlichen Grüßen aus Küche und Keller freudig hingibt.

Saisonale Spezialitäten, Waller und Lachs, Lammgerichte, Gebackenes, Geselchtes, Maibockfilet oder Dessertfeinheiten aus der Hand der Chefin sind ein ums andere Mal Anlass für lange und andauernde Schwärmereien. Genüssliche Mmmmhhs und Aahhs in den Favoritner Himmel jubelnd, spazieren die Gäste dann zurück Richtung Stadt, sehr beeindruckt von Favoriten.

Fideler Betrieb an der Schank

Steirerhof

1100 Wien, Senefeldergasse 25

Montag bis Samstag 8 bis 24, Sonn- und Feiertag 9 bis 22 Uhr

Mittagsmenü | Vorgarten für 30 Personen

Mit 177.000 Einwohnern wäre Favoriten die viertgrößte Stadt Österreichs – wenn es nicht der zehnte Bezirk von Wien wäre. Hier wohnen mehr Menschen als in Salzburg oder Innsbruck. In so einer „Stadt" gibt es dann auch ganz unterschiedliche Lokale und Gasthäuser, und Favoriten deckt ein sehr breites Spektrum möglicher gastronomischer Einrichtungen ab. In der Buchengasse finden sich zwei Beispiele Wiener Wirtshäuser, wie sie unterschiedlicher nicht sein könnten. Den einen Pol bildet dabei Meixner's Gastwirtschaft, weithin bekannt und vielfach ausgezeichnet. Hier kann es schon vorkommen, dass dem eiligen Gast, der nur schnell ein Seidel an der Schank trinken möchte, beschieden wird, dass es sich hier eigentlich um ein Speiselokal handle und die Bierabgabe über die Schank eher ausnahmsweise erfolge. Den Gegenpol zu Meixner's Gastwirtschaft, an der Buchengasse/Ecke Senefeldergasse gelegen, bildet der Steirerhof. Hier könnte einem wohl eher das Gegenteil passieren, das heißt, es ist durchaus vorstellbar, dass dem hungrige Gast beschieden wird, es handle sich hier um ein Trink- und kein Speiselokal. Vorstellbar, aber nicht wahrscheinlich, ist die Karte des Steirerhof doch sehr umfangreich, mit

Speisen wie Schweinsbraten mit Semmelknödel, Steirerhofschnitzel, Zwiebel- und Vanillerostbraten, gebackenem Emmentaler, Hühnerroulade, gebackenem und geröstetem Hirn, gebackenem oder gebratenem Leberkäse – das ist sozusagen die Einsteigervariante für Gäste, die sich noch nicht über die gebackene Leber drübertrauen –, Blunzengröstl und mehr. Die Portionen sind mächtig, die Preise haushaltsgeldschonend.

So stellt man sich ein echtes Favoritner Beisl vor: eine alte, sehr schöne Wirtshauseinrichtung mit viel altem Holz und Atmosphäre, gut besucht, laut und verraucht. Am Stammtisch und an der Schank geht es meist recht fidel zu. Eine Besonderheit im Steirerhof ist die sogenannte Muppetsbank, eine schmale, recht lange, etwas erhöhte Sitzbank an der Stirnseite des Lokals, von der aus man einen guten Überblick auf das ganze Wirtshaus hat und wo in unterschiedlicher Besetzung die einheimischen Statlers und Waldorfs Platz nehmen, um das Geschehen zu kommentieren.

Auf die Hausfassade vis-à-vis vom Schanigarten hat jemand „Strache wir kriegen dich" gesprüht und darüber ein anderer „hoffentlich". In dieser Drohung drückt sich die ganze Dialektik des zehnten Bezirkes aus.

Auch der Steirerhof ist sich offenbar nicht ganz klar darüber, was er ist, steht doch auf einem Leuchtschild „Café Restaurant Steirerhof" zu lesen. Der Steirerhof ist aber eindeutig ein Gasthaus und ein Beisl, allerdings eines, das nur für geübte Beislgänger geeignet ist.

Beisl für geübte Gasthausgeher

Zum Alten Beisl

1100 Wien, Rotenhofgasse 4, Tel. 01/602 78 79, Dienstag bis Freitag 10 bis 22, Samstag 10 bis 14 Uhr, Feiertag geschlossen

Mittagsmenü | Gastgarten und Hofgarten für je 30 Personen

Was mit der großen Markise und dem netten Garten von außen nach einem richtigen Beisl aussieht, entpuppt sich auch innen als solches. Zugegeben, der Name „Zum Alten Beisl" ist etwas unglücklich gewählt, denn so, wie man sich ein altes Beisl vorstellt, sieht das Alte Beisl genau nicht aus. Sicher, das Lokal ist alt und hat schon eine lange Geschichte hinter sich, aber Teil dieser gelebten Geschichte ist eben auch, dass irgendwann im letzten Drittel des vorigen Jahrhunderts alle Flächen, von der Schank bis zu den Wandpanelen, mit großem Eifer und sehr viel Resopal verkleidet wurden, lediglich der alte Holzboden blieb aus verständlichen Gründen verschont. Das wirkt heute natürlich schon wieder irgendwie alt, nur eben nicht so „alt", wie es der Vorstellung „Altes Beisl" entspricht. Macht nichts, vielleicht entwickelt sich als Antwort auf Shabby Chic ja einmal die lokale Stilvariante Reso-Chic. Das Alte Beisl ist aber auf jeden Fall ein richtiges Gasthaus, mit der Stimmung und Atmosphäre eines alten Beisls. Zahlreiche Stammgäste bevölkern das Lokal und vertrauen sich gerne Küche und Keller des Hauses an. Da kann es schon vorkom-

Frau Liesl's Tipp
Nudeln sollen immer in ausreichend viel Wasser gekocht werden, damit wird verhindert, dass sie zusammenkleben.

„Resopalisierte" Schank

Gegenpol zum Eissalon

men, dass am Abend alle Plätze mit zufriedenen Gästen besetzt sind und nur mehr ein Platz an der Schank, im unbarmherzigen Licht der Neonröhre, bleibt.

Aus der Küche kommen indes in sehr ausgiebigen Portionen etwa Kaspressknödelsuppe, Fleischlaberl, Erdäpfelgulasch, Wildragout, Kalbswienerschnitzel, Hühnerbrust im Speckmantel, steirisches Krenfleisch, Tafelspitz vom Mastochsen, Zigeunerschnitzel oder das seltene Holsteinschnitzel – das ist die üppige, mit Kapern, Sardellenfilet und Spiegelei garnierte Kalbsschnitzelvariante und Lieblingsspeise des gleichnamigen Grafen –, geröstete oder gebackene Leber, geröstete Nierndln und im November die Saisongans mit Kartoffel- und Semmelknödel, warmem Krautsalat mit Speck. Dazu wird Schladminger Bier gezapft und eine feine, kleine Weinauswahl geboten. Die Gäste sind begeistert und auf jeden Fall satt, hungrig geht hier sicher selten jemand raus. Das Alte Beisl ist in dieser sehr belebten Gegend des zehnten Bezirks um den Reumannplatz herum, mit Tichy's Eissalon als Platzhirschen, ein wichtiges und echtes Wiener Wirtshaus und oft auch ein willkommener Ausweichort, um den „Eisschwaden" aus der Nachbarschaft zu entkommen.

Barbanek: gut versteckt

Barbanek

1110 Wien, Fuchsröhrenstraße 13, Tel. 01/749 21 18

Montag, Donnerstag bis Sonntag und Feiertag 9 bis 23 Uhr

Mittagsmenü | Gastgarten für 100 Personen

Hinter dem Gasthaus Barbanek hört die Welt auf, um sich kurz danach in gesichtsloser Architektur und der unglücklichen Gasometerumdeutung neu zu formieren. Tatsächlich ist es so, dass die Fuchsröhrenstraße mit Grundstücksnummer 11 endet oder beginnt, je nachdem. Vielleicht beginnt ja hier die richtige Fuchsröhre, die hinter dem Barbanek unter die Zippererstraße abtaucht. Diese Besonderheit der Fuchsröhrenstraße, die zwischen geraden und ungeraden Hausnummern einen langgezogenen Bogen um einen Grünstreifen macht, um am Scheitelpunkt an die Trinkhausstraße (sic!) zu stoßen, macht es dem Erstbenutzer nicht gerade leicht, das Barbanek zu finden. Aber wer einmal hierher gefunden hat, hat die Spur dann sowieso im Blut oder in einer anderen merkfähigen Region dauerhaft abgespeichert.

Im Barbanek, das schon seit 1882, allerdings unter anderen Namen, besteht, ist alles so, wie es war und wie es sein sollte, und nicht nur das legendäre Martinigansl, auch das Schnitzel ist eine Hervorbringung höchster Wiener Wirtshauskunst, ja, es ist wohl eine Kunst, so zu kochen, und nicht nur ein Handwerk.

Man würde in dieser irgendwie entlegenen Gegend mitten in der Stadt kein so wunderbares Lokal erwarten, wenn man es nicht besser wüsste. Nichts weniger ist das Barbanek aber, ein Wirtshaus mit klassischer Einrichtung, herrlichem kleinem Gastgarten und legendärem Ruf. Die Reservierungszeiten für ein Martinigansl sind inzwischen so sagenumwoben wie das Gansl selbst.

Da aber die Saison der Martinigansln sehr kurz und es mit der Warterei auf die Gansln des nächsten Jahres nicht getan ist, gibt es beim Barbanek neben der traditionellen Hausmannskost eine ganze Reihe anderer Spezialitäten. Vor allem Freunde von Innereien kommen hier mit Rahmbeuschel, Hirn, Nierndl oder Lebergerichten auf ihre Rechnung. Auch und gerade das Bruckfleisch, das andernorts schon manchen Gast zu Spontanvegetariern gemacht hat, macht das Barbanek für viele seiner Gäste zu einem Spezialisten ersten Ranges.

Ergänzt wird die Karte durch Angebote wie Karpfen, Sankt Petersfisch, Rostbraten, Gulasch sowieso, Maibock, Lamm, Kaninchen und Wild sowie andere saisonale Höhepunkte, aber auch fleischlose Küche, natürlich Spargel in jeder Form und Zubereitungsart und Kaiserschmarren, gewuzelte Mohnnudeln, Powidltascherl und Palatschinken, dazu gutes Bier und feine Weine. Ganz wichtig, das Barbanek hat sonntags geöffnet.

Hoffen wir, dass hier noch lange in einer Tradition und Qualität gekocht wird, wie wir uns das wünschen, und dass nicht plötzlich ein Herr Abramowitsch oder einer seiner Kollegen auf die Idee kommt, ein ganzes Stück Wien kaufen und das wunderbare kleine Wirtshausjuwel nach irgendwo, vielleicht auf seine weltgrößte Yacht, verfrachten zu wollen.

Wo Tradition und Qualität zu Hause sind

Wohl das schönste Weinhaus der Stadt

Weinhaus Hochmayer

1110 Wien, Simmeringer Hauptstraße 42, Tel. 01/749 17 68

Dienstag bis Freitag 9 bis 21, Samstag 9 bis 13 Uhr

Mittagsmenü

Führt man auswärtige Freunde in „Hochmayer's Pulkautaler Weinhaus", sind die zuerst einmal überrascht von der Reise nach Simmering und dann sprachlos ob der Tatsache, dass hier offensichtlich in einem Weinhaus-Museum gegessen und getrunken werden kann. Ohne Eintritt. Das Weinhaus Hochmayer ist in der Tat eines der besten und authentischsten Weinhäuser der Stadt und eines der letzten, also liegt der Museumsgedanke nicht so fern, obwohl es hier alles andere als museal zugeht.

Große Schilder weisen den Connaisseur ebenso wie den Passanten, den präsumtiven Gast wie den fröhlichen Stammgast auf das hin, was im Inneren des Lokales zu erwarten ist: „Weine sortenrein in Flaschen abgefüllt", „Weine aus eigenen Weingärten und Kellereien in Hadres", „Gepflegtes Bier vom Faß hell und Zwickel" oder „Traditionelle Wiener Küche" ist hier auf großen, dunkelgrünen Tafeln in weißer Schrift weithin sichtbar zu lesen.

Seit vielen Jahren sind diese Lockrufe an der Simmeringer Hauptstraße nicht zu überhören, und nicht wenige folgen ihnen in das schöne, alte, geradezu idealtypische Weinhaus: ein langgezogener

Raum mit ebensolcher Schank, Holztische und -bänke, ein Weinfass als Stehtisch. In den Fenstern Milchglaseinsätze mit Weinlaub- und Weintraubenmustern, ein Kachelofen, ein schönes Extrazimmer samt alten Wandgemälden vom Weinheben und Weintrinken und den langen Nasen, die man davon bekommen kann.

Seit vielen Jahren schon ist das Weinhaus an der Simmeringer Hauptstraße ein Weinhaus, wie es nur mehr ganz wenige gibt, in Simmering, in Wien und auf der ganzen Welt. Eine alte Wirtshausweisheit besagt: Wo der Herr ein einmaliges Weinhaus hat werden lassen, dort soll kein Chinese oder Schlimmeres, etwa ein Wettlokal, daraus gemacht werden. Das ist vielleicht auch der Grund dafür, dass das ehemalige Pulkautaler Weinhaus noch immer ein Weinhaus ist, jetzt eben Hochmayer's Pulkautaler Weinhaus.

Dass das Hochmayer nicht nur an sich ein Erlebnis ist, sondern auch noch kulinarisch und önologisch einiges zu bieten hat, liegt auf der Hand, hier darf man zur Begleitung der Eigenbauweine Hausmannskost und, als Spezialität des Hauses, ein superbes Gulasch erwarten.

Eigentlich sollte das Weinhaus Hochmayer, wenn schon nicht zum Weltkulturerbe, so doch zum Bezirkskulturerbe erhoben werden. Nachfolgende Generationen werden es der heutigen danken.

Stammtisch im Weinhaus

Gasthaus Stern

1110 Wien, Braunhubergasse 6, Tel. 01/749 33 70

www.gasthausstern.at, täglich 9 bis 23 Uhr

Tagesteller | CC | Gastgarten für 80 Personen

Sterne gibt es bekanntlich viele, und gerne schauen wir zu ihnen auf, denken, wünschen oder hoffen etwas. Ist der Stern nicht so fern, ist er meist ein Gasthaus, und auch dort wünschen und hoffen wir. Stern ist ein recht beliebter Gasthausname im deutschsprachigen Raum. Wollte man alle Gastwirtschaften im Namen der massereichen, selbstleuchtenden Gaskugel aufsuchen, könnte man wohl sehr eindrücklich den Begriff der Unendlichkeit am eigenen Körper erleben. In Wien ist nun vor einiger Zeit ein Gasthaus Stern erschienen, und so, wie es wahrgenommen und fast euphorisch begrüßt wurde, hat es mehr als nur die Leuchtkraft eines normalen Sterns.

Man kommt kaum darum herum, mit dem Namen Stern etwas anzufangen, aber da haben eh schon alle geschrieben: ein Stern ist aufgegangen, ein schöner Stern, ein besonderer Stern, und vielleicht hat sich auch wer zu Sternstunden hinreißen lassen. Stimmt alles, nichts ist übertrieben. Hier ist wirklich ein wunderbares Gasthaus – Beisl darf man bei der Größe ja wohl kaum mehr sagen – aus einem alten Traditionswirtshaus entstanden.

Das Vorgängerlokal „Zum Pöplitsch" war schon seit Jahren ein Anwärter auf vorderste Plätze, wenn es ums typische und gute Wiener

Die Schaltzentrale des Stern

Im großen Saal des Stern

Wirtshaus ging: sehr schön und klassisch eingerichtet, zahlreiche Stammgäste, ein entsprechender Schmäh und eine gute Stimmung. Daran hat sich beim Stern nicht viel geändert. Noch immer lädt ein Stehtisch gegenüber der Schank freundlich zum Stehachterl und zur Unterhaltung am „Tresen“, noch immer sind die Gastzimmer – Schankraum, großer Saal und kleiner Saal – wunderbare Wirtshausräume, und noch immer bietet der Garten einen angenehm schattigen Platz im Sommer. Nur ist alles noch etwas besser geworden. Und das hat vor allem mit der Leidenschaft des neuen Wirtes – Christian Werner – für die traditionelle Wiener Küche und seine eigenen, um diese Tradition kreisenden Neuerungen und Interpretationen zu tun: etwa Stern's Fischgulasch von heimischen Fischen, Stern's Fischteller, Altwiener Erdäpfelsuppe, Beef tatar, Zwiebelrostbraten, Wiener Schnitzel, Budapester Schnitzel, Surschnitzel, Wiener Saftgulasch, Gesottenes wie Tafelspitz, Schulterscherzel und Beinfleisch, und dann die Innereien, die von Kalbsbries bis Hühnerleber eine ganze Seite der Speisekarte einnehmen. Die Weinkarte bietet eine große Auswahl an heimischen Spitzenwinzern aus Wien, der Wachau, dem Wagram, dem Traisen- und Kremstal, aus dem Mittelburgenland und vom Neusiedlersee oder der Südsteiermark.

Die Tische sind fein gedeckt und erwarten den frohen Gast, der idealerweise reserviert, um nicht enttäuscht zu werden, denn die Plätze auf diesem Stern sind sehr begehrt. Der Stern in der Braunhubergasse/Ecke Hugogasse – man könnte vielleicht auch an der „Hugo-Braunhuber-Gasse“ sagen – ist ein guter Ort und ein Stammlokal erster Wahl. Auch für jemanden, der so etwas nicht in seiner unmittelbaren Nähe hat, ein Stern erfordert eben mitunter eine gewisse Anreise. Und was kann schöner sein, als sein Stammlokal auf einem Stern einzurichten, weit weg und trotzdem nah, strahlend und immer auch ein wenig aus der Welt – und sonntags geöffnet.

Gasthaus zum Friedhof der Namenlosen

1110 Wien, Albern 54, Tel. 01/769 39 71
Montag bis Mittwoch, Freitag bis Sonntag und Feiertag ab 8.30 Uhr bis abends je nach Wetter, Jänner und Februar Winterpause
Mittagsmenü | Gastgarten für 80 Personen

Ein Ort wie der Friedhof der Namenlosen kann wahrscheinlich nur in Wien sein, und deshalb ist er auch weit über die Grenzen der Stadt, die so gerne mit dem Tod und dem Jenseitigen kokettiert, hinaus bekannt. Traditionell ist dort, wo ein Friedhof ist – zumindest in unseren Breiten –, auch ein Gasthaus. Das Gasthaus „Zum Friedhof der Namenlosen" findet sich an der Stelle, wo der Alberner Hafen in die Donau mündet. Vor dem in Anbetracht der riesigen Lagergebäude des Alberner Hafens kleinen, geduckten Gasthaus befindet sich ein schöner Gastgarten im Schatten mächtiger Bäume, von wo sich ein ruhiger Ausblick auf die gemächlich dahinfließende Donau bietet. Die hat sich allerdings auch schon, wie ein Foto eindrucksvoll belegt, zu einem Besuch im Gasthaus zum Friedhof der Namenlosen hinreißen lassen: etwa am 12. August 2002, als das gesamte Wirtshaus bis zur Dachtraufe unter Wasser stand.

Aber alles fließt, und so ist auch die Donau weitergeflossen, hat wohl das eine oder andere Souvenir aus dem Gasthaus mitgenommen, aber ansonsten die alte Tradition des Lokals nicht stören können.

Im Schankraum, im Extrastüberl oder am besten im Gastgarten bietet sich bei Bier und Wein, einer kleinen Jause, Wiener Hausmannskost

Irdische Genüsse und Endlichkeit des Seins

In froher Erwartung der Küche

oder Fisch eine gute Gelegenheit, über das Leben und seine Endlichkeit nachzudenken. Damit das Ergebnis nicht allzu traurig ausfällt, kommen aus der Küche, durchaus diesseitig, Fischsuppe, Knoblauchkarpfen oder gebackener Zander und für die nicht so nahe am Wasser gebauten Gäste zum Beispiel Berner Würstel, Eierschwammerl nach Saison, Hirschragout oder gebackene Leber. Das alles in prächtigen Portionen und mit sehr verträglichen Preisen, Qualität sowieso.

Auf dem einzigartigen Friedhof, der zahlreichen Literaten Stoff für Prosa und Lyrik bot und schon in etlichen TV-Beiträgen eine kleine Nebenrolle spielen konnte, finden sich auch einige Gräber „Nichtnamenloser", die in der Donau – etwa beim Bau des Hafens – ertrunken oder hier verunfallt sind. Unter den gleichartigen gusseisernen Grabkreuzen mit silbern angemaltem Christus sticht ein großer Grabstein besonders hervor. Er markiert die letzte Ruhestätte Isidor Bethies, „Gastwirt beim Friedhof der Namenlosen, geboren 1871 und gestorben im Jahr 1927, unvergesslich".

Es wird hier also schon sehr lange am Ufer der Donau bei Wein und Bier über die Vergänglichkeit allen Lebens und Strebens sinniert. Und die Zeit scheint am Donaustrom auch anders zu vergehen, meistens langsamer, das liegt vielleicht auch an der Entfernung zum Rest der Stadt. Wer hierher zu Fuß kommen möchte, müsste gestern losgehen, um morgen zur vereinbarten Zeit da zu sein.

Am Eingang zum Friedhof der Namenlosen findet sich ein interessanter Hinweis, wahrscheinlich angebracht, um die Zahl der namenlosen Opfer in dieser Gegend nicht unnötig zu erhöhen: „Warnung, der Aufenthalt unter den Bäumen, besonders bei Wind und Sturm, ist gefährlich und erfolgt auf eigene Gefahr". Besser und gesünder also, man hält sich im Wirtshaus auf, und das ist auch eine typische Wiener Lebenseinstellung.

Weitere 6 Plätze für Speiß und Trank in Favoriten und Simmering:

Oberlaaer Dorf-Wirt

1100 Wien, Liesingbachstraße 75
Tel. 01/688 76 63
www.dorf-wirt.at, täglich 9–23 Uhr
Tagesteller | Gastgarten für 130 Personen

Dort, wo die Stadt ins Land übergeht, muss ein Wirtshaus „Dorf-Wirt" heißen. Und so ist das auch im netten Oberlaa. Der hier ansäßige Dort-Wirt, gleichzeitig Genusswirt, verbindet traditionelle Wirtshauskultur mit moderner Hausmannskost sowie regionalen Spezialitäten.

Der Ringsmuth

1100 Wien, Johannitergasse 1/Ecke Mannhartgasse, Tel. 01/603 18 35
www.der-ringsmuth.at, Di–Sa 10.30–23, So, Fei 10.30–16 Uhr
Mittagsmenü | CC | Innenhofgarten für 40 Personen

Ecklokal vis-à-vis dem neuen Hauptbahnhof, mit erstklassiger traditioneller und moderner Wiener Küche. Absolut erfreulicher und besuchenswerter Neuzugang in Favoriten.

Waldviertlerhof

1100 Wien, Herzgasse 29
Tel. 01/603 37 10
www.waldviertlerhof.com
Mo 8–16, Di–Sa 8–23 Uhr
Mittagsmenü | Schanigarten für 12 und Innenhofgarten für 16 Personen

Traditionell, gutbürgerlicher Betrieb im „Herz"en von Favoriten mit österreichischer Küche.

Auszeitstüberl

1110 Wien, Grillgasse 20
Tel. 0676/422 74 70
www.auszeitstueberl.at, Mo–Fr 11.30–22 Uhr, Fei geschlossen
Mittagsmenü | Innenhofgarten für 30 Personen

Hinter dem eher ungewöhnlichen Namen für ein Wiener Beisl versteckt sich eine urige Gaststätte mit Alt-Wiener Spezialitäten wie z.B. Kuttelflecksuppe oder Saumeisen.

Hopfen & Malz

1110 Wien, Kaiserebersdorfer Straße 277, Tel. 01/769 24 73
www.hopfenundmalz.at
Di–So 11–23 Uhr
Mittagsmenü | Gastgarten für 160 Personen

Im Sommer der wunderbare, kastanienbeschattete Garten der Gastwirtschaft. Im Winter kann man sich vor dem warmen Kachelofen nicht nur am namenspendenden Malzgetränk, sondern auch an bodenständigen Gerichten laben.

Gaststätte Pistauer

1110 Wien, Ravelinstraße 3
Tel. 01/767 25 10
www.pistauer.at, täglich 9–23 Uhr
Mittagsmenü | CC | zwei Gastgärten für 200 Personen

Gasthausklassiker, wie er im Buche steht. Hier passt alles: Küche, Atmosphäre, Preis und Gastgarten.

Meidling und Hietzing

Schon die alten Römer haben sich im heutigen zwölften Bezirk bei der Meidlinger Schwefelquelle zum Bade eingefunden, was der Nymphenstein, den sie uns hinterlassen haben, belegt. Seither hat sich einiges getan und viele der früher so zahlreichen und typischen Meidlinger Beisln und Gasthäuser sind inzwischen anderen Lokalen gewichen oder befinden sich entwicklungsgeschichtlich gesehen in der Übergangsphase zum Espresso – Motto: „Hier spielt man Dart" – oder ähnlichen Gastroderivaten. Die klassischen Wiener Beisln dünnen aus, da ist es umso erfreulicher, dass mit dem Gasthaus Stafler eine ideale Neuübernahme des ehemaligen Gasthauses Wunsch stattgefunden hat.

Die ersten Wiener waren Hietzinger: steinzeitliche Werkzeug- und Mammutzahnfunde belegen, dass sie vor rund 20.000 Jahren auf Mammutjagd gingen. Urkundlich scheint Hietzing erst im 11. Jahrhundert auf. Bereits im Mittelalter wurde Weinbau betrieben. Mit dem Ausbau von Schloss Schönbrunn wurde Hietzing eine vom Adel und dem reichen Bürgertum bevorzugte Sommerfrische und avancierte im 19. Jahrhundert zum Nobelviertel. Eine berühmte Vergnügungsstätte war damals das Dommayer'sche Kasino, in dem sich die „vornehmste Wiener Gesellschaft" zu den „Millefleurs-Bällen" und Rosenfesten einfand. Heute sind die Lokale kleiner und nicht so berühmt, wenngleich typische und hervorragende Wiener Wirtshäuser, wie das Maxingstüberl, der Lustige Radfahrer oder die Waldtzeile.

Zu den Schobers im Giersterbräu

1120 Wien, Gierstergasse 10, Tel. 01/813 14 71, www.giersterbraeu.com
Dienstag bis Samstag 11 bis 24, Sonntag 12 bis 17 Uhr
Mittagsmenü | CC | Gastgarten für 70 Personen

Josef Gierster (um 1800 bis 1863) war Brauhausbesitzer, erster Bürgermeister von Gaudenzdorf und reichster Mann des Ortes. Das sind alles gute Gründe, um eine Gasse in Meidling, auch wenn es nur eine kurze ist, nach ihm zu benennen. Der Hofbraumeister Gierster begründete in den 1830er-Jahren aber auch den Ruf des Wiener Bieres. Das war wohl mit ein Grund, weshalb das Gasthaus der Familie Schober in der Gierstergasse den Namen „Giersterbräu" erhielt. Das Giersterbräu hat als Gasthaus eine sehr spezielle Geschichte insofern, als hier der seltene Fall eingetreten ist, dass aus einer Pizzeria ein Wirtshaus wurde, üblicherweise geht's ja in die umgekehrte Richtung. Nun gibt's hier also sozusagen das Wirtshaus mit umgekehrtem Düsenantrieb.

1986 gründete Alois Schober, der den Gastronomieberuf von Grund auf erlernt hat und Station im Hotel Imperial, in D'Rauchkuchl, im Römischen Kaiser und in anderen Restaurants gemacht hatte, das Ristorante da Panini, zu dem bald ein großer Naturgastgarten gehörte. 2002, nach 16 Jahren, ging die „kulinarische Reise durch Italien zu Ende". Aus dem Ristorante wurde ein Gasthaus und aus dem „da Panini" das „Giersterbräu". Der wunderbare große Naturgarten ist geblieben und nach wie vor eines der Highlights des Lokals. Geblieben

Im schattigen Gastgarten des Giersterbräu

Wirt Alois Schober: ein Koch wie aus dem Bilderbuch

sind auch im Gastraum einige Elemente, die von der Vergangenheit des Wirtshauses als Pizzeria zeugen, vor allem der Holzofen, in dem noch immer – ganz und gar nicht beisltypisch – Pizzas gemacht werden. Geblieben ist auch die lustige, italienisch anmutende Kochmütze des Chefs. Der beherrscht neben Pizzas und Spaghetti oder Lasagne natürlich auch Wiener Wirtshausklassiker wie Knödel mit Ei, ausgelöstes Backhuhn mit Erdäpfelsalat, Zwiebelrostbraten, geschmortes Wangerl, Veltliner-Rahmbeuschel oder Gulasch. Dazu wird Giersterbräu-Hausbier, Hubertus Zwickl, Keltenbier oder Herrenpils und das Grieskirchner Weisse serviert. Beim Wein gibt es eine große Auswahl an heimischen, italienischen und internationalen Angeboten.

Besonderen Wert legen die „Schobers" – das sind vor allem Alois und Hedwig – auf saisonale und regionale Spezialitäten aus Österreich. Es wird deshalb auch eng mit der heimischen Landwirtschaft kooperiert. Rind-, Kalb- Schweinefleisch, Geflügel, Süßwasserfisch, Wild, Milch und Milchprodukte, Obst, Gemüse und Salat stammen samt und sonders von österreichischen Betrieben, die Herkunft der Ausgangsmaterialien wird auch regelmäßig von unabhängigen Kontrollstellen bestätigt. Auf der Karte liest sich das dann so: „Wiener Gemüse", „Zickentaler Moorochs", „Flachgauer Heumilchkäse", „Mostviertler Schofkäs", „Waldviertler Karpfen", „Tullnerfelder Schwein" und „Eigenes, gepflückt, eingekocht, verarbeitet".

Diese Bemühungen schlagen sich auch in zahlreichen Auszeichnungen des Giersterbräus nieder wie: Wahl zum schönsten Gastgarten und Lieblingsrestaurant Meidlings, Genusswirt 2009, Bierwirt 2011 und etliche weitere. Wichtiger aber ist die Zufriedenheit der Gäste, und die ist den Schobers in ihrem Giersterbräu gewiss. Auf der Karte findet sich auch ein Zitat von Alois Schober: „Wir haben das Wirtshaus nicht erfunden, aber wir leben es", das ist hier durchaus ernst gemeint.

Goldmarie

1120 Wien, Hoffmeistergasse 7, Tel. 01/817 01 58, www.goldmarie.at

Montag bis Freitag 11.30 bis 15 und 18 bis 24, Sonntag 12 bis 23 Uhr

Mittagsmenü | Gastgarten im Hof für 80 Personen

„Goldmarie“, bei dem schönen Namen geht man davon aus, dass die Marie hier ihr Glück gefunden hat, und das Wirtshaus in der Hoffmeistergasse in Meidling wirkt wirklich so, als wäre hier einiges gelungen. Glücklich sind hier vor allem auch die Gäste. Und das hat nichts mit gerettetem Brot, getrösteten Äpfeln oder Frau Holles Beschneiungen wie im Märchen der Brüder Grimm zu tun, sondern ganz real mit den Angeboten aus Küche und Keller und vor allem dem wunderbaren Ambiente der Goldmarie.

> **Frau Liesl's Tipp**
> Trockenes, altbackenes Brot ergibt mit Zwiebel, Speckwürfeln, Pfefferkörner und heißem Wasser gekocht eine wohlschmeckende Brotsuppe.

Die Küche ist wienerisch, mit zeitgemäßen Erweiterungen und Verfeinerungen. Zum Menü kann es dann schon mal Safran-Reisauflauf, Erdäpfelknödel mit Rauchschinkenfülle, Paprikaschote mit Meeresfrüchte-Fisch-Fülle oder Blunzenradltascherl mit Apfel-Majoran-Butter geben. Es gibt aber auch ganz bodenständig Wiener Schnitzel, in Butterschmalz herausgebacken, Salonbeuschel oder gesottenes Rindfleisch mit Fisolen.

Originalität, Frische und Engagement der Küche zeigen sich auch in der täglich wechselnden Abendkarte.

Der einzigartige Hofgarten

Traditionelle Wirtshausküche und Livemusik

Das Besondere an der Goldmarie ist aber eben auch die Atmosphäre und Ausstattung des Lokals. Die alte Substanz hat schon einiges an erfühlbarer Vorgeschichte hinter sich. Ganz wunderbar im Sommer ist der Hofgarten, der zum Teil arkadenartig überdacht ist und so auch bei Regen oder in der Übergangszeit ein feiner und gemütlicher Ort bleibt. Das Wirtshaus selbst ist mit viel dunklem Holz, Holzböden, Holztischen und -bänken so ausgestattet, wie man sich ein Beisl auch im Märchen vorstellen würde, alte Lampen mit gelben Stoffschirmen, geätzte Milchglasscheiben und Holztrennwände ergänzen das Ambiente. Die Goldmarie ist aber nicht nur ein sympathisches Gasthaus, sondern auch ein Ort, wo regelmäßig Livemusik geboten wird. Auch ohne Livedarbietungen wird die Goldmarie mit ausgewählter Musik gut beschallt, da kann man es sich an der freundlichen Schank gemütlich machen und einige Zeit verbringen. Obwohl die Goldmarie als Märchenfigur einzigartig ist, gibt es doch einige andere Goldmarien: in Hamburg ist die Goldmarie ein Modelabel für „unabhängige Frauen", in Düsseldorf ein Café, in St. Gallen ein besonderes Modegeschäft.

Seit 2009 gibt es auch eine Goldmarie in München. Die ist der Wiener Goldmarie gar nicht so unähnlich. Auch hier war früher ein altes Lokal drin, und auch hier wird eine engagierte Küche geboten. Die Wiener Goldmarie ist allerdings wesentlich gemütlicher und uriger, eben beislmäßiger. Vielleicht wäre ja einmal ein Ausflug zu den Goldmarien der Welt eine Reise wert.

Gasthaus Stafler

1120 Wien, Ehrenfelsgasse 4, Tel. 01/815 62 35, www.stafler.at

Dienstag bis Samstag 10 bis 15 und 17.30 bis 23 Uhr

Mittagsmenü | Schanigarten für 20 Personen

Dort, wo die Nymphengasse auf die Ehrenfelsgasse trifft, war früher die Gastwirtschaft Wunsch und ist heute das Gasthaus Stafler.

Vielleicht ist es dem Wirken einer Nymphe, diesen wohltätigen Naturgeistern aus der griechischen und römischen Mythologie, zu verdanken, dass aus dem Wunsch das heutige Stafler wurde. Nymphen sind ja den Menschen hilfreich und meist Begleiterinnen höherer Gottheiten wie etwa Dionysos, und der hätte, wenn er nicht gerade einen seiner ekstatischen Tage hat, seine helle Freude mit dem Gasthaus Stafler.

Das Wunsch war über Jahrzehnte ein eingesessener Familienbetrieb und ein besonders schönes Gasthaus in Meidling. Als die Wunsch-Epoche zu Ende ging, fanden sich in zwei Stammgästen – er Raumplaner, sie Journalistin – die idealen Nachfolger und zukünftigen Wirtsleute.

Das Stafler war schon zu Wunsch-Zeiten ein kommodes Lokal und ein ideales Beisl mit einer herrlichen Einrichtung. Das alles ist es auch heute noch, und sogar noch etwas mehr. Mit viel Liebe zum Detail wurden die alten Räume renoviert. Die, wie könnte es anders sein, Bretschneider-Schank strahlt in alter Pracht, die Holzverkleidung der Wände vermittelt

Von Südtirol nach Meidling

Von der Raumplanung in die Wirtschaft

Gemütlichkeit und die grünen, beinahe unzerstörbaren Resopaloberflächen der Wirtshaustische, ehemals allgegenwärtig, sind heute schon fast eine Designbesonderheit, herübergerettet in unsere Zeit.

Georg Stafler, Namensgeber und Wirt, stammt aus einer Südtiroler Gastronomenfamilie, deshalb ist es wenig verwunderlich, dass das Stafler neben klassischer Wiener Küche auch zeitgemäße Südtiroler Küche mit italienischem Einschlag bietet. Die Südtiroler Seite der Speisekarte liest sich dann zum Beispiel so: „Spaghettini mit hausgemachtem Basilikumpesto“, „Südtiroler Rohnenknödel mit Speckkrautsalat“, „Hausgemachte Schlutzkrapfen mit Spinat und Topfen“ oder „Zitronengnocchi mit Räucherforelle“ und zum Abschluss „Schwarzplententorte mit Schlagobers“. Aber es gibt auch wienerisch Traditionelles wie gebackenen Schweinslungenbraten, Wiener Schnitzel oder Schulterscherzel vom Mastochsen. Der Wein dazu kommt vom Wagram, aus Poysdorf, dem Eisacktal, aus dem Trentino oder Bozen, das Bier aus Weitra, Murau, Zwettl und Grieskirchen. Schüttelbrot, Speck, Würste, verschiedene Käsesorten machen sich regelmäßig auf den Weg vom Alto Adige nach Meidling. Die Gäste – junge Menschen, Nachbarn und Stammgäste – im Wirtshaus oder Schanigarten wissen den besonderen Charme des Stafler zu schätzen.

Da Georg Stafler im früheren Leben Raumplaner war, liegt die Vermutung nahe, dass er einiges vom richtigen Wiener Beislfeeling zu Studienzeiten im Gasthaus Rohrböck – lange Zeit so etwas wie die Kantine der Raumplaner – erfahren hat. Dass ein Raumplaner sich von seinen Plänen abwendet, um etwas anderes zu machen, ist indes gar nicht so unüblich, dass er eines der schönsten Wirtshäuser übernimmt und in bester Tradition weiterführt, sehr erfreulich.

Maxing Stüberl

1130 Wien, Maxingstraße 7, Tel. 01/877 55 81, www.maxingstüberl.at
Montag bis Samstag 11 bis 2 Uhr, Anfang Mai bis Anfang September
Montag bis Freitag 11 bis 2 Uhr
Tagesteller | täglich Wiener Musik

Das älteste Gasthaus Hietzings, gegründet 1805, gibt sich international: „Discover at your visit to Schönbrunn the original ‚Viennese Tavern Schmankerln' in the 200 years old Maxing Stüberl" und „The Maxing Stüberl because of its original Viennese atmosphere became the regular tavern for the Austrian waltz king Johann Strauß and world famous painter Egon Schiele and Viennese comedian Hans Moser".

Frau Liesl's Tipp
Fleischbrühe wird schmackhaft, wenn man eine rohe, ungeschälte Zwiebel am Pfannenboden ohne Fett stark dunkelbraun röstet und sie dann in die Fleischbrühe gibt.

Hinterher weiß man es ja immer besser – wer wird uns dereinst eine ähnliche Würdigung in unserem Stammlokal erweisen, und woher soll der Wirt auch wissen, ob der Gast nun eines Tages eine Weltberühmtheit sein oder nur einen Allerweltsrausch nach Hause bringen wird? Sei's wie es sei, die Geschichte wird das Ihre tun, Gäste und Wirte auch.

Die so gerühmten Herren Stammgäste jedenfalls sind inzwischen schon längst in ein himmlisches Lokal eingekehrt, von dem man nur hoffen kann, dass es ähnlich schön und klassisch wie das Maxing

Wand an Wand mit Schloss Schönbrunn

Volkstümlich gastwirtschaftliche Gegebenheiten

Stüberl ist. Klassisch wie das Lokal ist auch die Karte: mit Nudelsuppe, Natur- oder Pariserschnitzel, Leber gebacken oder geröstet, Selchfleisch, Essigwurst und Wurstsalat und anderem mehr sowie selbstverständlich auch Palatschinken.

Die ganze Häuserzeile, in der sich das Maxing Stüberl befindet, diente einst als Wohnanlage für die Beschäftigten von Schloss Schönbrunn. Das Maxing Stüberl ist nach Selbstdarstellung „ein reiner Familienbetrieb, trotz dessen haben es die Eigentümer geschafft, den Ursprungszustand zu erhalten und vor Modernisierung zu bewahren. Aufgrund der volkstümlichen, rustikal gastwirtschaftlichen Gegebenheiten hat es eine Eigenschaft entwickelt, die viele Künstler, Politiker und Aristokraten angezogen hat. Durch das langjährige Bestehen hat das Stüberl sich diese Eigenschaft bis zum heutigen Tage beibehalten" und wird es hoffentlich auch noch lange tun.

Wer jedoch nach so viel Gasthausbehaglichkeit, beschwingt von Bier und Wein, das Lokal zu schwungvoll verlässt, läuft Gefahr, weit eher als geplant seinem Schöpfer und den ehemaligen Stammgästen von Angesicht zu Angesicht gegenüberzustehen: Direkt vor dem Maxingstüberl zieht nämlich die gut befahrene, namensgebende Maxingstraße vorbei, ein Fährnis, das vor dem letzten Reiseachterl bedacht werden sollte.

Vieles vom alten Schlusche blieb erhalten

Restaurant Waldtzeile

1130 Wien, Speisinger Straße 2, Tel. 01/804 53 94, www.waldtzeile.at
täglich 9 bis 24 Uhr
Mittagsmenü | Gastgarten für 240, Innenhof für 20, Veranda für 50 Pers.

Die heutige Waldtzeile war über viele Jahre, eigentlich Jahrzehnte, das legendäre Gasthaus Schlusche. Und der Schlusche war ein in ganz Wien bekanntes Lokal. Bekannt für die einmalige Einrichtung, den wunderbaren Gastgarten, die hervorragende Küche und den eigenwilligen Charme des Wirtes. Der alte Herr Schlusche ist schon lange nicht mehr. Das Traditionsgasthaus wurde von der Familie Sturrus aus Holland, die in Wien ihren Lebensmittelpunkt gefunden hat, übernommen. Und es ist mit Ausnahme einiger notwendiger Renovierungen und Modernisierungen und eines Anbaus fast unverändert geblieben. Das Gasthaus ist noch immer wunderbar, der Gastgarten herrlich, das Angebot aus der Küche klassisch und der Charme mitunter eigenwillig. Die wesentlichste Veränderung war wahrscheinlich die Namensänderung, wobei Waldtzeile fast ebenso selten ist wie Schlusche, also erst wieder keine große Veränderung. Der Name Waldtzeile ist dabei kein holländischer Wirtshausausdruck oder eine holländische Spe-

> **Frau Liesl's Tipp**
> **Schmackhafte Gemüsesuppen:**
> Bei Gemüsesuppen sollte das Gemüse zuerst angedünstet werden, dann etwas mit Mehl bestäuben, aufgießen und kochen lassen.

zialität wie Hutspot mit Klapstuk, Spinazieschotelo oder Stamppot, sondern ganz einfach eine alte Schreibweise für Waldzeile. Waldzeile deshalb, weil der Speisingbach die Gegend in Bach- und Waldzeile trennte.

Zu den Klassikern aus der Küche, wie ausgelöstes Backhendl, gekochtes Rindfleisch, Tafelspitz, Schulterscherzl, Kavalierspitz, natürlich Rindsgulasch und Wiener Schnitzel, wird ein schönes Bierangebot mit Villacher Märzen, Pils, Zwickl, Dunkel, Schleppe Weißbier und das Brünette Hausbier der Schleppe-Brauerei geboten. Wer mit der Weinauswahl besonders zufrieden war, kann eine Flasche desselben zu Ab-Hof-Preisen mit nach Hause nehmen.

Eine recht geglückte Übernahme eines Traditionsgasthauses also. Dem Schutzpatron der Beisln und Gasthäuser sei's gedankt, das Gasthaus sieht mit seiner tollen alten Einrichtung, mit alten Öfen, Jugendstillampen, der Schank und Kühlanlage noch fast genauso aus wie früher. Auch die Lage am Bahnhof Speising ist noch dieselbe, wen wundert's, dass manche sagen „leider an der Bahn", andere wiederum „Gott sei Dank an der Schnellbahnstation, Straßenbahn und Busstation, da bleibt mehr Zeit, Bier und Wein ausgiebig zu testen"? Ach ja, irgendwie ist die Waldtzeile doch auf den Hund gekommen. Vor einigen Jahren nämlich haben die Wirtsleute ihre Liebe zu Entlebucher Sennenhunden entdeckt, seither züchten sie diese freundlichen und lebhaften Schweizer Wach- und Hütehunde. Die Zucht trägt, wenig überraschend, den Namen „von der Waldtzeile".

Im Speisesaal des Waldtzeile

Zum lustigen Radfahrer

1130 Wien, Rohrbacherstraße 21, Tel. 01/877 87 39
www.ig-jazz.at/live/radfahrer.php
Montag bis Donnerstag 11 bis 21, Freitag 19 bis 24 Uhr
Tagesteller | Gastgarten für 60 Personen

1887, als das Radfahren noch eines der großen Abenteuer der Menschheit und nur wenigen wirklich Tollkühnen vorbehalten war, wurde das Gasthaus „Zum lustigen Radfahrer“ gegründet. Ob das Radfahren damals besonders lustig war oder ob es vielleicht lustig war, den Bezwingern der neuartigen Velozipede bei ihren wilden Ritten zuzusehen, wird leider nicht verraten. Vielleicht waren ja auch die Radfahrer selbst lustige Vögel, die sich mit einem Glaserl an der Schank für ihren Ausritt stärkten. Wahrscheinlich war es aber doch ein rechtes Gaudium zuzusehen, wie die Wagehälse auf dem Hochrad die Rohrbacherstraße herunterschaukelten und dann irgendwo dort, wo heute die Auhofstraße verläuft, in der Botanik verschwanden. „Hopp auf und zum Wohl!“ Durchaus möglich, dass damals auch ein „Rennhochrad“ der Firma Otto Schäfler aus Wien in der Rohrbacherstraße unterwegs war. Otto Schäfler baute ab 1887 in der Kaiserstraße zehn Hochräder pro Woche, seine „Siriusräder“ erzielten bei internationalen Wettfahrten etliche Siege.

Frau Liesl's Tipp

Braten weich machen: Hartes und zähes Fleisch wird weich, wenn man etwas Kognak dazugießt. Der Kognakgeschmack verliert sich ganz.

Hausmannskost und Livemusik bei Wilhelm Haslinger

Die Fahrräder stehen derweil im Radstall

Seit 1915 ist der „Lustige Radfahrer“ im Besitz der Familie Haslinger. Es ist auch heute noch sehr angenehm, im ruhigen und schönen Gastgarten des „Lustigen Radfahrers“ zu sitzen, nur konzentriert man sich nicht auf Rad- oder gar Autofahrer, sondern auf solide Hausmannskost wie gekochten Tafelspitz, steirisches Lammragout, Wiener Bruckfleisch, Selchzüngerl, Krenfleisch, Szegediner Krautfleisch, böhmische Krautfleckerl oder, zum Nachtisch, Kaiserschmarrn, Topfennockerl oder gebackenen Reisauflauf, dazu gibt's erlesene Weine, Bier vom Fass oder Bierspezialitäten aus der Flasche.

Wird es im schönen Gastgarten zu kühl, bieten die stilvollen Gasträume des Traditionsgasthauses in Hietzing eine nicht minder angenehme Atmosphäre.

Nachdem die Radfahrerei nicht mehr so spektakulär ist wie vor mehr als 120 Jahren, hat man sich beim „Lustigen Radfahrer“ einem neuen Schwerpunkt zugewandt. Seit vielen Jahren schon ist der „Lustige Radfahrer“ nun auch ein Live-Music-Club. Fast jedes Wochenende sorgt ein Livemusikprogramm mit Jazz, Dixieland, Swing, Blues, Boogie, Rock 'n' Roll, New Orleans Jazz und Oldtime Jazz bis zu Evergreens für Unterhaltung. Das ist vielleicht nicht so spannend, wie den historischen Drahteselbezwingern zuzuschauen, aber mindestens so unterhaltsam.

Noch mehr Lokale in Meidling und Hietzing:

Zum Kirchenwirt

1120 Wien, Hervicusgasse 17
Tel. 01/802 02 42
www.kirchenwirt-hetzendorf.at
Di–Sa 10–23, So 10–16 Uhr
Mittagsmenü | CC | Garten für 90 Personen

Auch Meidling hat einen Kirchenwirt, und das ist gut so. Denn hier gibt es auch Spezialitäten der Alt-Wiener Küche wie z.B. die Fledermaus, in Butterschmalz gebacken, zu entdecken.

Otto – Biergasthof

1120 Wien, Altmannsdorfer Straße 101, Tel. 01/804 76 50
www.biergasthof-otto.at
Mo–Sa 11–24, So, Fei 11–22 Uhr
Tagesgericht | Gastgarten für 400 Personen

Bierlokal mit vielen Sorten des beliebten Gerstensafts und einer umfangreichen Speisekarte für den großen, kleinen und mittelgroßen Hunger. Schöner Gastgarten hinterm Haus.

Restaurant Schwabl

1120 Wien, Schönbrunner Straße 250, Tel. 01/813 44 06
www.schwabl-wirt.at
Mo, Do–So 9–23 Uhr
Mittagsmenü | CC | Schanigarten für 32 Personen

Unweit des Schlosses Schönbrunn ist seit Jahrzehnten der Familienbetrieb der Schwabls beheimatet. Das Wirtshaus bietet gutbürgerliche Küche auf erfreulich hohem Niveau und Saisonales. Nach dem Essen lockt der nahe Schlosspark zu einem Spaziergang.

Gasthaus Lindwurm

1130 Wien, Ghelengasse 44
Tel. 01/879 77 04
www.gasthaus-lindwurm.at, Mo–Do, Sa, So, Fei 10–23 Uhr, Dezember bis März Sa, So, Fei 10–23 Uhr
Garten für 500 Personen

Im Wienerwald kann man wandern, laufen, radeln und, ja, auch essen. Zum Beispiel im Ausflugslokal Lindwurm, das inmitten von Wald und Wiesen Bodenständiges auf der Karte hat.

Plachutta Hietzing

1130 Wien, Auhofstraße 1
Tel. 01/877 70 87
www.plachutta.at, Mo–Fr 11.30–15 und 18–24, Sa, So, Fei 11.30–24 Uhr
CC | Gastgarten für 60 Personen

Die Topadresse Hietzings für Rindfleischspezialitäten, von Schulterscherzl bis Tafelspitz.

Wambacher

1130 Wien, Lainzer Straße 123
Tel. 01/804 83 66, www.wambacher.co.at, täglich 11–24 Uhr
Mittagsmenü | CC | Gastgarten für 300 Personen

Alteingesessenes Heurigenrestaurant/Gasthaus mit feinen Gerichten aus der Wiener Küche. Die Weinkarte ist gut sortiert und vielversprechend.

Penzing und Rudolfsheim-Fünfhaus

Penzing, das ist das Technische Museum, „Am Steinhof" mit der Kuppelkirche von Otto Wagner, die Baumgartner Höhe, die Erste und die Zweite Wagner-Villa und vieles mehr. Penzing ist mit dem Ortsteil Hütteldorf auch die Heimat „der Rapid". Penzinger Wirte zeigten in der Vergangenheit einigen Pioniergeist: etwa Wenzel Zeisel, dem die Erfindung des gleichnamigen „Zeiselwagens" zugeschrieben wird, oder der Wirt des Wirtshauses Zur Weintraube, der im geräumigen Wirtshaushof einen Saal aus Eis erbauen ließ, der tausende Neugierige anlockte. Heute setzen die Wirte in Penzing auf Tradition und fahren damit recht gut, etwa der Prilisauer, der Peschta und der im Stile der klassischen Wiener Wirtshäuser geführte Blaue Esel.

Der Name Rudolfsheim bezieht sich auf Kronprinz Rudolf und Fünfhaus auf eine alte Ansiedlung mit fünf Winzerhäuschen. Es gibt auch einen Ortsteil Sechshaus, ein ehemals winziges Zeilendorf aus dem 18. Jahrhundert mit sechs Häusern. Kurz darauf hörte man auf, Häuser zu zählen und Ortsteile so zu benennen, was auch sinnvoll war, da man inzwischen wohl schon irgendwo bei Drei- oder Viertausendhaus angelangt wäre.
Der 15. Bezirk hat mit Schwender's 1898 gegründetem Vergnügungsetablissement eine großartige gastronomische Vergangenheit. Heute findet sich hier mit dem Gasthaus Quell eines der typischsten Gasthäuser der Stadt, wenn man von traditionellen Alt-Wiener Wirtshäusern spricht.

Das freundlich einladende Wirtshauszeichen

Gastwirtschaft Zum Blauen Esel

1140 Wien, Hadikgasse 40, Tel. 01/895 51 27, www.blauer-esel.at

Montag bis Samstag 18 bis 1 Uhr, Feiertag geschlossen

Tageskarte | Gastgarten für 100 Personen

Endlich ein gescheiter Name: Blauer Esel. Es ist ja nicht unüblich, dass Gasthäuser nach Tieren benannt werden, zum Beispiel Weißer Schwan, Brauner Hirsch oder auch Goldener Löwe. Blauer Esel dagegen ist ein sehr origineller Name und leicht zu merken. In der Natur kommen blaue Esel eigentlich recht selten vor, da gibt es bestenfalls blauäugige weiße Esel, und auch die sind schon rar genug. Dafür gibt es in der Kunst blaue Esel, etwa den „Blauen Esel“ von Marc Chagall aus dem Jahr 1930 oder gleich zwei blaue Esel von Franz Marc von 1912. Auch das inoffizielle Wappentier der demokratischen Partei ist ein zumindest teilweise blauer Esel.

Die Gastwirtschaft Zum Blauen Esel ist beim ersten Besuch etwas schwer zu finden, wenn man, eingebunden in den rasant dahinfließenden Verkehr auf der Hadikgasse, versucht, das Haus mit der Nummer 40 auszumachen. Hat man es gesehen, ist eine blitzschnelle Reaktion notwendig, um noch rechtzeitig nach rechts in die Teybergasse abbiegen zu können, ganz nach dem Motto: No risk no fun.

Wer es weniger abenteuerlich liebt, nähert sich dem Blauen Esel von der U4-Station Hietzing oder von der Penzinger Straße aus, am besten zu Fuß. Ob mit oder ohne Abenteuer, der Weg dorthin zahlt sich auf jeden Fall aus.

Das Gasthaus wurde bereits 1875 als Einkehrgasthof für Kutscher, die ihre wertvolle Fracht ins nahegelegene Schloss Schönbrunn brachten, gegründet und hat seither eine bewegte Geschichte hinter sich. Der Schankraum besticht durch einen mächtigen, U-förmigen Tresen, wie man ihn bei uns recht selten sieht. Ein weiterer langgezogener Gastraum mündet in einer kleinen Bühne. Das ganze Lokal ist mit viel Holz sehr ursprünglich eingerichtet. Die nach unterschiedlichen Zwischennutzungen sehr gefühlvoll restaurierten Gasträume des Blauen Esels vermitteln ein prima „Wirtshausgefühl", und man kann sich ohne weiteres einen gräflichen Kutscher beim Löschen seines sehr bürgerlichen Durstes vorstellen. So gesehen wäre „Zum Blauen Pferd" als Name fast naheliegender.

Lässt es das Wetter zu, sitzt man im herrlichen, von der Hadikgasse nicht gestörten Gastgarten und wartet darauf, was der mächtige Grill, der im Sommer täglich angeworfen wird, zu bieten hat, Typisches wie Spareribs oder Außergewöhnliches wie ein „indonesisches Kampfhuhn" mit Garnelenspieß oder Mastochsenbraten mit Champignonfülle.

Die Karte bietet mehr, als man in einem Wirtshaus erwarten darf, etwa Louisiana-Rumpsteak, Saiblings- und Goldbrassenfilet, steirisches Backhendl, Spieß von der Hühnerbrust, Schweinslungenbraten oder Rinderfilet. Aber nichts vom Esel, weder vom blauen noch vom grauen noch vom weißen. Sitzt man zufrieden im Gastgarten oder an der Schank des Blauen Esels, kann man mitunter ins Philosophieren kommen und eigenartigen Gedanken nachhängen, sich zum Beispiel fragen, weshalb Gasthäuser eigentlich nie nach Fahrzeugen benannt werden, etwa „Zum Gelben VW" oder „Zum lustigen Traktor". Aber vielleicht kommt das ja noch.

Gefühlvoll restaurierte Gasträume

Hier wird Beislkultur bewahrt und gepflegt

Hadikstüberl

1140 Wien, Hadikgasse 100, Tel. 01/894 63 21, www.hadikstueberl.com
Montag bis Freitag 11 bis 22, Samstag, Feiertag 11.30 bis 15 Uhr
Mittagsmenü | Gastgarten für 25 Personen

Das Hadikstüberl, seit drei Generationen ein Familienbetrieb, ist nach der Hadikgasse benannt und diese nach Andreas Graf Hadik von Futak, ungarisch „Futaki Hadik András gróf“, der 1757, während des Siebenjährigen Krieges, mit einem legendären „Husarenritt“ Berlin besetzte und die Erstürmung der Stadt mit einer Eilstafette mit dem berühmten Titel „Aus den Mauern von Berlin“ meldete. Graf Hadik und seine Husaren hätten sicher auch gerne im Hadikstüberl Rast gemacht, um sich von ihren Husarenritten zu erholen.

Denn das Hadikstüberl ist ganz einfach ein herrliches Gasthaus, wie man es sich typischer und besser kaum vorstellen kann. Ausgestattet wie ein Beisl, mit viel Holz, ein wenig Schmiedeeisen und einem kleinen Gastgarten an der Hadikgasse. Zu Mittag und am Abend gibt es die typische Wiener Beislküche: Rindsuppe mit Leberknödel, Grießnockerl oder Frittaten, Wiener Schnitzel oder Cordon bleu vom Schwein, Schweinsbraten vom Schopf im Natursafterl mit

Semmelknödel, Rindsgulasch vom Wadschinken, Fiakergulasch mit Spiegelei, Einspänner und Salzerdäpfeln, zum Abschluss hausgemachter Apfelstrudel, Palatschinken mit Marillenmarmelade oder Böhmische Palatschinke mit Powidl. Am Nachmittag servieren die freundlichen Wirtsleute saure Wurst und Presskopf oder Wurstbrote. Und auch sonst vermittelt das Hadikstüberl reine Gasthausfreude und Tröstliches wie den an die Wand gemalten Sinnspruch „Trink ihn aus, den Trank der Labe, und vergiss den großen Schmerz, wundervollste Bacchus-Gabe Balsam für's zerrissen Herz", aber nicht nur fürs zerrissene Herz bietet das Hadikstüberl Balsam. Balsam ist das ganze kleine Lokal für denjenigen, der die Wiener Beislkultur schon vom Aussterben bedroht oder überhaupt am Ende sieht. Hin und wieder fragt sich auch der deutsche Gast, wenn er ein Lokal wie das Hadikstüberl betritt, weshalb der Herr in seiner Einäugigkeit gerade den Wienern das Beisl geschenkt habe, wo diese doch mit Heurigen und Kaffeehäusern mehr als gut versorgt seien und es in gastronomischer Hinsicht weit besser getroffen hätten als die meisten anderen Städte. Ob denn die Wiener auch wirklich zu schätzen wüssten, was sie an diesem und ähnlichen Lokalen hätten? „Natürlich wissen wir es", sagen diese und bestellen dem ängstlichen Freund noch ein Krügerl Bier, bevor er sich via Westausfahrt auf die Autobahn und nach Hause, ins beisllose Heimatland, begibt.

Frau Liesl's Tipp

Auffrischen von Kopfsalat und ihn von Insekten befreien: Dem Wasser, in welchem man den Kopfsalat wäscht, einige Tropfen Zitronensaft zugeben.

Schmiedeeisernes Kunsthandwerk im Hadikstüberl

Mitnehmen wäre billiger, hier trinken ist gemütlicher

Peschta

1140 Wien, Bahnhofstraße 28, Tel. 01/914 42 47
Montag bis Freitag 8.30 bis 24 Uhr, Feiertag geschlossen
Mittagsmenü | Gastgarten für 50 Personen

Für ein richtiges Gasthaus gibt es drei idealtypische Standorte: neben der Kirche, in der Nähe des Bahnhofs oder vor einem Fußballstadion. Beim Gasthaus Peschta, in unmittelbarer Nähe des Bahnhofs Hütteldorf und des Gerhard-Hanappi-Stadions gelegen, treffen gleich zwei der drei möglichen Standortvorteilen zu. Um in der Fußballersprache zu bleiben: Der Peschta liegt 2:1 in Führung.

Frau Liesl's Tipp
Typische Wiener Panier: Das Ei nicht zersprudeln, sondern nur zerschlagen, Paniertes immer in Butterschmalz herausbacken.

Als das Gasthaus Peschta 1929 gegründet wurde, war der dazugehörige Fußballverein Rapid gerade dreißig Jahre alt und bereits neunmal österreichischer Meister und dreimal Cupsieger. Der Verein, der im Jahr 1898 unter dem Namen „Erster Wiener Arbeiter-Fußball-Club" gegründet wurde, ist einer der ältesten Fußballklubs des Landes.

Das Peschta und Rapid und natürlich auch seine Gäste sind schon immer sehr eng miteinander verbunden gewesen. Hin und wieder scheint es fast, als wäre das Peschta ein inoffizielles Vereinslokal. Vor allem früher, als die Spieler und Fans noch mit einem normalen Wirtshaus ihr Auslangen fanden und nicht Nachtclubs und Diskotheken zur Beruhigung der Fußballerseele heimsuchen mussten. Trotzdem herrscht im Peschta große Toleranz auch den Freunden anderer Mannschaften gegenüber, besonders freundlich begegnet man

Fans von auswärtigen Grashockeyclubs, Curlingmannschaften oder Tischtennisteams. Damit die auch herfinden, sieht das Peschta von außen aus wie ein richtiges Gasthaus, im Inneren ist es das sowieso. Da gehört auch ein schneller Spruch dazu. Die Speisekarte spielt mit saurer Wurst, gebackenem Kalbskopf, Gulasch oder hausgemachten Süßspeisen alle Stückeln des typischen Wiener Gasthauses. Dazu wird seit mehr als sechzig Jahren Gösser-Bier gezapft, das Dank der alten Zapfanlage hier besonders süffig ist.

Die Atmosphäre ist ganz einfach die eines echten Wirtshauses, pur, solide und bodenständig.

Rapid ist hier natürlich allgegenwärtig und zahlreiche Fans der „alten Garde“ haben den Peschta zum Stammlokal erkoren und zittern oder jubeln mit ihren Grün-Weißen. Ob Sieg, Niederlage oder Spielpause, der Peschta hat für alle Anlässe das Richtige in Küche und Keller bereit. Nur bei Spielen am Wochenende müssen sich die Fans für die Vorbereitung und Nachbesprechung des Spiels ein anderes Lokal suchen, Samstag und Sonntag bleibt das Peschta nämlich geschlossen, was nicht nur so manchen Rapidfan betrübt.

Kantine für Rapidfans in guten wie in schlechten Zeiten

Prilisauer

1140 Wien, Linzer Straße 423, Tel. 01/979 32 28, www.prilisauer.at
Dienstag 16 bis 24, Mittwoch bis Sonntag 10 bis 24 Uhr,
November bis März Sonntag 10 bis 16 Uhr
Mittagsmenü | CC | Gastgarten für 80 bis 90, Salettl für 45 Personen

1882 begründeten Ignaz und Rosina Prilisauer die bis heute bestehende Wirtshausdynastie Prilisauer. Seither haben zwei Ignaze und drei Hermanns das Lokal erfolgreich geführt und zu dem gemacht, was es heute ist, eine gastronomische Institution, weit über Hütteldorf hinaus bekannt. Das Restaurant Prilisauer vis-à-vis der Wendestelle der Straßenbahnlinie 49 stammt also noch aus einer Zeit, als Hütteldorf gerade besiedelt wurde und man den arbeitsfreien Sonntag damit zubrachte, mit der Bim bis zur Endstelle zu fahren, um eine „Landpartie" zu machen und dort dann dem eigentlichen Ziel des Sonntagsausflugs, einem Gasthaus nämlich, entgegenzuwandern.

Frau Liesl's Tipp
Fleisch und Wildbret mit einer kleinen Menge Thymian und Majoran würzen.

Die Zeiten haben sich geändert, und legendäre Hütteldorfer Ausflugsrestaurants wie das „Zum Sanften Heinrich" oder „Zum schweinernen Frack" gibt es längst nicht mehr. Was es noch gibt, sind der Prilisauer und der natürliche Drang, ins Wirtshaus zu gehen, unabhängig davon, ob nun Sonntag oder ein Werktag ist.

Seit jeher gut besuchtes Traditionslokal

Die Wirtsdynastie Prilisauer besteht weiter

Mit dem Wachsen der Stadt ist der Prilisauer sozusagen auch den „Nichtausflüglern" etwas näher gekommen. Wer ebenjenen Drang, ins Wirtshaus zu gehen, verspürt und sich in der Nähe des Prilisauer aufhält, sollte keinen Widerstand leisten und sich im schönen Gastgarten oder in einem der Gastzimmer niederlassen, um sich bei Bier und Wein, typischen Gerichten der Wiener Wirtshausküche und Saisonangeboten wie Fischwochen, steirische Wochen, Bärlauch, Maibock, Spargel und Erdbeeren, Steinpilzen und Eierschwammerln, Kürbiswochen, Wild und Martinigans zu stärken. Sei es vor oder nach einer ausgedehnten Wanderung, vor oder nach der Arbeit oder, um dem Müßiggang zu frönen.

Einiges ist beim Prilisauer noch so, wie es schon vor hundert Jahren war, anderes ist um- und zugebaut und modernisiert worden, genau so, wie es schon die Vorfahren gemacht haben, die ihren Betrieb laufend den neuen Zeiten anpassten.

Wer nach dem Besuch des Prilisauer doch noch den Wunsch nach einer Landpartie verspürt, macht sich auf zur Rieglerhütte; die ist einen schönen Fußmarsch weit entfernt und gehört ebenfalls der Familie Prilisauer.

Klassische Einrichtung im Heidinger

Heidinger's Gasthaus

1150 Wien, Selzergasse 38, Tel. 01/985 99 11, www.heidingers.at
April bis September Montag bis Freitag 10 bis 22, Oktober bis März
Montag bis Samstag 10 bis 22 Uhr, Feiertag geschlossen
Mittagsmenü | Schanigarten für 30 Personen

Heidinger's Gasthaus in der Selzergasse, seit rund dreißig Jahren als Familienbetrieb geführt, ist ein klassisches Vorstadtwirtshaus, wie man es oft sucht und nur mehr recht selten findet. Am Standort des heutigen Heidinger war schon vor vielen Jahren ein Wirtshaus, und es muss ein gutes gewesen sein, denn so, wie sich das Heidinger präsentiert, hat sich im Gemäuer des Lokals viel von dem, was als traditionelles Beisl wahrgenommen wird, festgesetzt, ein gutes Wirtshauskarma.

Heidinger's Gasthaus sieht heute so aus, wie es schon recht lange aussieht, und geht es nach den Freunden der Wiener Beisln und Gasthäuser, soll das auch noch lange so bleiben. Hier stimmt einfach alles. So sehen alteingessene Wirtshäuser aus. Klingt wie ein Klischee und ist irgendwie auch eines, ein begehbares eben. Heidinger's Gasthaus nimmt sein Alter nicht auf die leichte Schulter, trägt es aber mit Würde. Die Holzvertäfelung der Wände, die Holzbänke und -tische, die ganze einfache und rustikale Einrichtung verströmen Beislatmosphäre. Die zahlreichen Stammgäste, für ein richtiges Beisl unerlässlich, helfen dem Heidinger tatkräftig dabei und unterstützen das ehrwürdige Wirtshaus Tag für Tag. Die eindrucksvolle Schank nimmt den Gast beim Eingang sogleich freundlich in Empfang, wo er dann stehen bleibt oder sich einen der Sitzplätze sucht. Im Sommer bietet der Schanigarten an der Selzergasse eine weitere Auswahlmöglichkeit.

Ein Vorstadtwirtshaus, wie es nur mehr wenige gibt

Die Küche des Heidinger ist so wie das Lokal: klassisch und einfach, dazu hat sie aber noch zwei weitere Dimensionen zu bieten, nämlich große Portionen und günstige Preise. Anders gesagt: Wer braucht die fünf Tibeter in der Küche, wenn es auch mit diesen vier Dimensionen traditionell und sehr gut geht.

Neben dem täglichen Mittagsmenü, zum Beispiel gekochtes Rindfleisch mit Fisolen, Schweinsbraten mit Knödel, Wiener Schnitzel mit Erdäpfelsalat und am Freitag selbstverständlich gebackener Seefisch, bietet die Wochenkarte Leber geröstet oder glasiert, Grammelknödel mit Sauerkraut, Spareribs, gefülltes Bauchfleisch mit Sauerkraut und Knödel, Ente mit Rotkraut und Erdäpfelknödel, Backhendl oder zur Saison etwa einen Osterschinken, eine besondere Leidenschaft gilt den hausgemachten Nachspeisen, zum Beispiel Marillenknödel, Palatschinken mit hausgemachter Marillenmarmelade, Powidltascherl mit Butterbröseln oder Mohnnudeln. Für Unentschlossene gibt es ein spezielles Angebot auf der Karte: Oft ist der Beislgast ja hin und her gerissen zwischen der Entscheidung Gulasch oder Wiener Schnitzel; dem wird das Heidinger kurzerhand mit der Spezialität „gebackenes Gulasch" gerecht.

Die nächste Entscheidung steht bei der Wahl des Bieres an, die ist aber einfacher, weil es ja durchaus möglich ist, mit viel Ruhe und Konzentration die offenen Biersorten Schladminger, Schwechater, Hainfelder oder das mehrfach ausgezeichnete Haselbräu-Bier aus Münichreith am Ostrong im Waldviertel der Reihe nach zu kosten. Wer noch freie Kapazitäten hat, versucht sich an den zahlreichen Bierspezialitäten aus der Flasche. Auch die Weinfreunde kommen hier auf ihre Rechnung. Prost, Mahlzeit!

Herzog's Wirtshaus

1150 Wien, Sechshauser Straße 120, Tel. 01/893 69 29
Montag bis Freitag 11 bis 15 und 18 bis 23 Uhr, Feiertag geschlossen
Mittagsmenü

Die Sechshauser Straße führt vom Sechshauser Gürtel der Länge nach durch den ganzen Bezirk Rudolfsheim-Fünfhaus. Kurz vor dem Ende der Sechshauser Straße findet sich an der Ecke zur Jheringgasse ein von außen recht unscheinbares Lokal. Über der schlichten Eingangstür weist ein ebensolches Schild darauf hin, dass sich hier „Herzog's Wirtshaus" befindet. Betritt man dann das kleine Lokal, ist alles ganz einfach und fabelhaft. Die herrliche, wunderbar erhaltene, in Ehren gealterte Einrichtung, der geölte Holzboden, die klassische Bretschneider-Schank, die Tische und Sessel und die feine Abtrennung vom Schankraum zum kleinen „Speiseraum", alles weist darauf hin, dass hier ein ganz besonderes Gasthaus ist, ein Lokal, auf das ganz offensichtlich geachtet wird und das einen mit besonderer Freundlichkeit empfängt, auch wenn man nicht Stammgast ist. Es gibt wohl Gast-Orte, wo die Haltung der Wirte mit der Einrichtung und Atmosphäre eines Lokals eine ganz besondere, schwer zu beschreibende und nicht zu kopierende Symbiose einge-

Frau Liesl's Tipp
Beim Braten das Spritzen des Fettes vermeiden kann man, wenn man die Pfanne etwas mit Salz bestreut.

Ein gastronomisches Kleinod …

... mit „herzoglicher" Küche

gangen ist, einfacher gesagt, es gibt Orte, bei denen alles stimmt. Herzog's Wirtshaus ist so ein Ort.

Einrichtung, Atmosphäre und Ausstrahlung sind dann in weiterer Folge logischerweise nur eben die passende Umgebung für das, was Johanna Herzog aus der Küche Johann Herzogs an den Tisch bringt. Das sind die Klassiker der Wiener Küche und ihre herzoglichen Erweiterungen und Interpretationen, wie saftiges Schulterscherzl, knuspriges Schnitzel, Kalbskutteln, Bruckfleisch, Ochsenschlepp, Zwiebelrostbraten, Backhenderl, Schweinsbackerl, hin und wieder Kaninchenkeule oder Ziege sowie Saibling, Goldbrasse oder Tintenfischsalat.

Zuvor Fleischstrudelsuppe, Sülzchen oder eine Wildpastete und hinterher ein tolles Angebot an Käsen wie Langres oder Epoisse oder handgewuzelte Mohnnudeln oder Erdbeerknödel. Die Weinkarte ist gut zusammengestellt und bietet alle Bouteillenweine auch offen an.

Herzog ist per definitionem ein Adelstitel und stammt vom althochdeutschen *herizogo,* was soviel bedeutet wie „der vor dem Heer zieht". Das passt auch ganz gut zu Herzog's Wirtshaus, auch dieser Herzog zieht weit vor dem Heer anderer Köche her, und wie das höfische Protokoll vor einem Besuch eines Herzogs eine entsprechende Voranmeldung verlangt, ist auch vor dem Besuch des Herzogs in Rudolfsheim-Fünfhaus eine vorherige – zwar nicht so förmliche – Anmeldung oder Reservierung notwendig, sonst wird es nichts mit der Audienz am Tisch des Herzogs im Schlagschatten der Küche.

Maria vom Siege, ein Klassiker in Fünfhaus ...

Maria vom Siege

1150 Wien, Dingelstedtgasse 3, Tel. 01/893 42 39
Montag bis Freitag 9 bis 23 Uhr, Feiertag geschlossen
Mittagsmenü | Schanigarten für 25 Personen

„Maria vom Siege" – was für ein herrlicher Name für ein Gasthaus. Noch dazu für ein Gasthaus wie das an der Dingelstedtgasse hinter der mächtigen Kirche am Mariahilfer Gürtel. Die namensgebende Kirche Maria vom Siege wurde 1868 bis 1875 nach Entwürfen des Architekten Friedrich von Schmidt, der auch das Wiener Rathaus, das Akademische Gymnasium und vieles andere plante, errichtet. Interessant ist, dass Schmidt bereits 1858 den Entwurf für die Kirche anfertigte, ohne allerdings zu wissen, wo sie überhaupt stehen soll.

Auf dem Land wäre ein Gasthaus mit einem derart schönen Namen und in dieser Lage ein klassisches Wirtshaus zur „Sankt Nebenkirche", hier in der Stadt schaut alles etwas anders aus. Das liegt nicht nur am eher spärlichen Besuch der Kirche oder daran, dass die städtischen Kirchgänger weit weniger durstig zu sein scheinen als ihre ländlichen Pendants. Es liegt auch daran, dass die große Kirche im Winter nicht wirklich beheizbar ist, und somit bleiben auch die wenigen Besucher aus und trinken lieber Tee mit Rum zu Hause in der warmen Stube.

Seit Friedrich Schmidt die Kirche plante, hat sich vieles getan in der Gegend, wobei das Grätzel sicher schon bessere Zeiten gesehen hat: Aus einem großen Fleischhauer wurde etwa ein Internetcafé und Callcenter, dazu viele Leerstände und gürteltypische Einrichtungen wie Peepshows und Lokale, die scheinbar im Monatsrhythmus Namen und Schwerpunkt ändern, und der verkehrsstarke Gürtel. Alles Umstände, die nicht gerade ideal für ein Wirtshaus sind. Noch dazu scheint die nun hier wohnhafte Bevölkerung weder auf die katholische Kirche noch auf das Wiener Beisl besonders stark zu reflektieren.

Trotzdem, das Gasthaus Maria vom Siege ist eines der schönsten Wirtshäuser der Umgebung, mit einer wunderbaren alten und klassischen Ausstattung und Einrichtung und echter „Beislatmosphäre". Die Küche entspricht dem Lokal, seiner Geschichte und Umgebung und ist also die typische Wiener Wirtshausküche.

Maria vom Sieg – der Name bezieht sich auf die „heilige Maria Obsiegerin gegen die Türken", im Besonderen auf die Schlacht von Lepanto 1571, wo Pius V. durch die Jungfrau vom Siege eine Vision des Sieges halluzinierte.

Diese Schlacht ist längst geschlagen, heute sollte sich Maria vielleicht einer eher zeitgemäßeren Aufgabe widmen und dafür Sorge tragen, dass ein Lokal, wie das in ihrem Namen geführte, gegen die Unbilden der Zeit bestehen kann. Sie könnte sich vielleicht auch zur heimlichen Schutzpatronin der Wiener Beisln erklären und darüber wachen, dass das Gasthaus Maria vom Siege noch lange so erhalten bleibt, wie es ist, und nicht eines Tages zur Pizzeria Sancta Maria de Victoria oder Schlimmerem wird.

... der hoffentlich noch lange erhalten bleibt

Eines der besten Beisln ...

Gasthaus Quell

1150 Wien, Reindorfgasse 19, Tel. 01/893 24 07, www.gasthausquell.at

Montag bis Freitag 11 bis 24 Uhr, Feiertag geschlossen

Tagesteller | Schanigarten für 40 Personen

Im Jahr 1932 schrieb die Wiener Zeitschrift *Kuckuck:* „Paris hat die Rue de la Paix, London die Regent-Street, Neuyork hat den Broadway, Rudolfsheim hat – die Reindorfgasse." Zu der Zeit bestand der Vorgänger des Gasthauses Quell schon seit fast vierzig Jahren. In der Gegend um Herklotz- und Reindorfgasse war in den Jahren nach dem Ersten Weltkrieg ein lebhaftes jüdisches Viertel entstanden. „Broadway" war wohl etwas übertrieben, aber mit Kaffeehäusern, Schulen, Sportvereinen, Theatersälen und zwei großen Synagogen brachte es sicher Bewegung in den Bezirk. Im Unterschied zur großbürgerlichen Innenstadt und zur orthodoxen Leopoldstadt hatten sich hier vorwiegend Kleinbürger angesiedelt, bis 1938 vor allem in der „Reichskristallnacht" vom 9. auf den 10. November das gewachsene Gefüge zerstört wurde (vgl. Herklotzgasse21.at).

Der Vorgänger des Quell trug damals den schönen Namen „Gastwirtschaft Zum Guten Hirten", und ein guter Hirte ist das Quell seinen Gästen bis heute geblieben. Immer noch ist das Quell eines der schönsten und besten Wirtshäuser der Stadt. Wenn es das Quell eines Tages nicht mehr geben sollte, gibt es Wien wahrscheinlich auch nicht mehr, oder besser gesagt, dann möchten wir in diesem Wien nicht mehr leben.

Schon die Umgebung ist ein sicherer Hinweis darauf, dass hier Besonderes geboten wird und erwartet werden darf: Reindorf- und Ölweingasse und der kleine Kirchenvorplatz der Kirche Zur Allerheiligsten Dreifaltigkeit bilden mit dem Quell ein Idyll, wie man es selten findet.

„Reindorf" – die ehemals selbstständige Ortschaft, die sich zum Ende des 18. Jahrhunderts im Besitz des Grafen Meraviglia befunden hat – lässt auf die Lauterkeit des Lokals schließen. „Ölwein" klingt auch irgendwie weihevoll, aber wahrscheinlich hat noch nie jemand vom Ölwein gekostet – und schließlich die Dreifaltigkeit, die, übertragen auf das Wirtshaus, sich auf Gasthaus, Schanigarten und Küche beziehen könnte.

Die beiden Schanigärten an der Reindorf- und der Ölweingasse sind jedenfalls ein herrlicher Platz im Sommer und schauen mit rot-weiß-rot gedeckten Tischen sehr ruhig hinüber auf den Kirchenvorplatz.

Die Einrichtung des Quell ist mit alten Holzböden, Holztischen und -bänken, der dunklen Lamperie, mit Kachelofen und vielen zufriedenen Gästen natürlich perfekt und allzeit bereit, die Atmosphäre und Stimmung zu bieten, die in einem Wirtshaus, noch dazu einem der besten der Stadt, erwartet werden darf. Die Speisekarte bietet Wirtshausküche in feinster Manier mit Krautfleisch, Letschobraten, Beinfleisch, Tafelspitz, Schweinskottelet, faschiertes Kalbsbutterschnitzel, Specklinsen, Wiener Schnitzel und natürlich dem berühmten Gulasch. Hier trinkt man gerne zu allem Bier, auch wenn man gerade nichts isst und sich vielleicht nur unterhält.

... gut geführt von Eduard Peregi

Ein Schild an der Eingangstür weist noch immer darauf hin, dass irgendwann das Jubiläum „70 Jahre Gasthaus Quell" begangen worden ist. Ein deutlicher Wink darauf, wie lange hier schon die einmalige Wirtshaustradition hochgehalten wird. Leopold Quell, der umsichtige Wirt, der das Quell 1965 von seinem Vater übernommen und es zu dem gemacht hat, was es heute ist, hat 2004 an seinen gut gewählten Nachfolger Eduard Peregi übergeben – aus dem Wirt Poldi wurde der Wirt Edi – und das Quell ist so geblieben, wie es immer war und hoffentlich noch zumindest weitere siebzig Jahre bleiben wird. Und die Glocken der Wallfahrtskirche Zur Allerheiligsten Dreifaltigkeit läuten dazu, und die Gäste des Quell beten, dass das so sein wird, in Dreigottesnamen.

Schutzhaus Zukunft

1150 Wien, Auf der Schmelz (verlängerte Guntherstraße)
Tel. 01/982 01 27, www.schutzhaus-zukunft.at, täglich 9 bis 24 Uhr
Mittagsmenü | Gastgarten für 1000 Personen

Die Zukunft ist die Zeit, die subjektiv gesehen auf die Gegenwart folgt, oder das berühmte Schutzhaus auf der Schmelz. Winston Spencer Churchill hat seinerzeit schon sehr treffend bemerkt: „Die Reiche der Zukunft sind Reiche des Geistes" und damit sehr wahrscheinlich das Schutzhaus gemeint. Geistreiches und Geistvolles wird dort allemal geboten, sei es auf der Bühne oder in der Karte. Die Zukunft wird von Trendforschern gedeutet und Kaffeesudlesern vorhergesagt, von vielen gefürchtet und von wenigen herbeigesehnt, geschützt wird sie aber nirgends. Nicht so auf der Schmelz, dort wurde vor sehr vielen Jahren ein ganzes Riesengasthaus, das inzwischen selbst schon eine große Vergangenheit hat, zum Schutze der Zukunft errichtet.

Eigentlich geht es dabei ja um die Zukunft auf der Schmelz, aber nachdem die Zukunft nicht teilbar ist, geht es auch um unser aller Zukunft. Und die soll hier noch lange geschützt bleiben, im Schatten alter Bäume, umgeben von einem fast undurchdringbaren Gürtel von Schrebergärten. Die Zukunft ist heute möglicherweise nicht mehr das, was sie früher einmal hätte werden sollen, und vielleicht gerade deshalb besonders schützenswert. Wer weiß, ob es ohne das Schutz-

„Schutzraum" im Schutzhaus Zukunft

Der wunderbare Gastgarten, eine Oase in der Stadt

haus überhaupt noch eine Zukunft gäbe und wir stattdessen nicht alle gnadenlos der Vergangenheit anhängen würden.

Also, auf ins Schutzhaus Zukunft, seinen Beitrag leisten. Das geht am einfachsten im Sommer im herrlichen, riesengroßen Gastgarten bei einem Bier oder Spritzwein, begleitet vielleicht von einer sauren Wurst, einer Presswurst mit Essig und Öl, Berner Würsteln, einem kleinen Gulasch oder anderen Hervorbringungen der traditionellen Wirtshausküche.

Ist der Gastgarten witterungsbedingt nicht nutzbar, bietet das Schutzhaus selbst großzügig Schutz und Platz für zahlreiche Gäste, und so gab und gibt es hier so manch legendäres Fest, so manch unvergessliche Veranstaltung – und das wird wohl auch in Zukunft so sein. Die Zukunft ist inzwischen ein bei Künstlern wie Publikum sehr beliebter Veranstaltungsraum mit einem dichten Spielplan, schwerpunktmäßig Kabarett und Musik.

Das Schutzhaus Zukunft ist eine Insel inmitten der Wogen der Großstadt und bietet neben Schutz auch Speis und Trank und Unterhaltung.

6 weitere Ziele in Penzing und Rudolfsheim-Fünfhaus:

Alexander's Küchenmeisterei

1140 Wien, Linzer Straße 120
Tel. 01/982 16 41
www.kuechenmeisterei.at
Di–Sa 11.30–22.30, So 11–15 Uhr
Tagesteller

Gelungenes Beispiel wie aus Alt nicht nur Neu, sondern Neu und Gut gemacht werden kann. Geboten wird ausgezeichnete, neu interpretierte Wiener Küche.

Jägerwirt – Zum grünen Jäger

1140 Wien, Mauerbachstraße 47
Tel. 01/979 10 78, www.jaegerwirt.at, Mi–So 10–23 Uhr
Mittagsmenü | CC | Biergarten für 60 Personen, Terrasse für 120 Personen

Knapp vor der Stadtgrenze, zwischen Augustiner- und Baumgartner Wald, liegt das „Revier" des grünen Jägers mit Restaurant, Seminarräumen, Tennis- und Beachvolleyballplatz. Und so vielfältig präsentiert sich auch die Speisekarte mit Gerichten aus der österreichischen Küche.

Zum Brüderlein

1140 Wien, Hadikgasse 62/Eingang Nisselgasse, Tel. 01/894 62 25
www.cafe-wunderer.at
Mo–Sa 8–23.30, So, Fei 8–23 Uhr
Mittagsmenü | CC | Schanigarten für 40 Personen

Das Gasthaus ist dem schönen Jugendstilcafé Wunderer angeschlossen. Geboten werden an beiden Orten Klassiker aus der Wiener Küche.

Pulkautaler Wein- und Bierhaus

1150 Wien, Felberstraße 2 (Europaplatz), Tel. 01/789 85 37
www.pulkautaler-weinhaus.at
täglich 10–23 Uhr
Mittagsmenü

Eines der letzten seiner Art. Und weil man mit der Zeit gehen muss, gibt es die Speisekarte neuerdings in mehreren Sprachen. Beim Ambiente und der Küche verlässt man sich aber doch auf bewährt Wienerisches.

Sperl's Storchennest

1150 Wien, Stiegergasse 2 (Linke Wienzeile), Tel. 01/894 13 65
Mo–Fr 9–22 Uhr, Fei geschlossen
Menü | CC | Gastgarten für 30 Personen

Die Gaststätte klebt tatsächlich wie ein Nest an der verkehrsumbrandeten Wienzeile und bietet traditionelle Wiener Küche.

Vikerl's Lokal

1150 Wien, Würffelgasse 4, Tel. 01/892 19 52, www.vikerls-lokal.at
Di–Sa 10.30–14.30 und 17–23, So, Fei 10.30–15 Uhr
Mittagskarte | CC | Gastgarten im Innenhof für 45 Personen

Richtig gute, moderne Wiener Küche. Zum Beispiel: Schwarzwurzel-Orangenschaum-Suppe, Kalbsrieslingsbeuschl, Mohnnudeln mit Apfelkompott.

Ottakring und Hernals

Wie kaum ein anderer Bezirk wird Ottakring mit Beisln und Wirtshäusern in Verbindung gebracht. Vielleicht auch aufgrund von Franz de Paula Gaheis' Charakterisierung Neulerchenfelds 1804 als des „Heiligen Römischen Reiches größtes Wirtshaus". Als 1892 die Vororte Ottakring und Neulerchenfeld zum 16. Bezirk vereinigt wurden, machten es wohl die schlechten und beengten Wohnverhältnisse in dem Arbeiterviertel und die eher mäßigen Unterhaltungsmöglichkeiten notwendig, dass an jeder Ecke ein Wirtshaus eingerichtet wurde.
Von den unzähligen Beisln ist natürlich nur mehr eine Handvoll übergeblieben. Die Wiener Wirtshaustradition wird in Ottakring aber noch immer großgeschrieben.

Lange Zeit war Weinbau die Haupterwerbsquelle im alten Hernals, das einige große Vergnügungsstätten beheimatete wie Gschwandtners Etablissement – erst vor kurzem wieder zu neuem Leben erwacht –, Ungers Kasino oder Stahlehner's Grand Etablissement. Hier hatte das Schrammelquartett, „in dem die Wiener Volksmusik ihre letzte wurzelechte Blüte trieb, die Hauptstätte seiner Wirksamkeit". 1868 wurde an der Jörgerstraße die Kunsteisbahn Engelmann gegründet und 1909 die erste Freiluftkunsteisbahn der Welt eröffnet.
Die heutigen Wirtshäuser in Hernals sind nicht mehr so groß, aber noch immer sehr gut und gerne besucht, etwa das Herkner, der Muskovich oder das originale Wein- und Bierhaus Brandstetter zum Alseck.

Gelbmanns Gaststube

1160 Wien, Wilhelminenstraße 62, Tel. 01/486 15 99
www.gelbmanns.at, Dienstag bis Samstag 10 bis 23 Uhr
Mittagsmenü | CC | Gastgarten für 65 Personen

„Gelbmanns Gaststube" ist eigentlich eine ziemliche Untertreibung, denn das Gelbmann ist keine kleine „Gaststube", sondern ein richtiges Gasthaus und ein ziemlich geräumiges und sehr gutes noch dazu. An dieser Adresse befand sich schon am Ende des vorvorigen Jahrhunderts ein Wirtshaus. Der heutige Name Gelbmann geht auf jene Wirtsleute zurück, die, aus dem Burgenland stammend, das Wirtshaus von 1954 bis 1982 sehr erfolgreich führten. Es folgten einige Jahre des wirtschaftlichen und gastronomischen Niedergangs, bis das Traditionswirtshaus von der Familie Laskowsky übernommen und zu dem gemacht wurde, was es seit langem wieder ist: eine gastronomische Institution Ottakrings. In einem eingeschoßigen, selbstverständlich gelben Haus von der Art untergebracht, wie sie in dieser Gegend der Stadt immer vorsorglich als ehemaliges Fuhrwerker- oder Weinhauerhaus charakterisiert werden, signalisiert das Gelbmann weithin und gut sichtbar, dass hier ein Gasthaus zu finden ist, und zwar ein gutes gutbürgerliches und nicht nur bei Ottakringern sehr beliebtes.

Frau Liesl's Tipp
Eierspeise wird flaumig, wenn etwas Sodawasser beigemengt wird.

Außen gelb, innen gemütlich

Alexander Laskowsky führt die Familientradition fort

Das Gelbmann ist kein Beisl im landläufigen Sinn, sondern ein feines Gasthaus, das die ganze Palette der Wiener Wirtshausküche rauf und runter spielt und immer auch spezielle Angebote bereithält: Zwiebelrostbraten, Tafelspitz, Kalbsbutterschnitzel oder vielleicht einen gebackenen Kalbskopf mit Mayonnaisesalat, eine Spezialität, die auch in Wien nur mehr recht selten angeboten wird. Freunde von Innereien kommen hier auf ihre Rechnung mit Rahmbeuscherl, wenn die Saison passt auch vom Lamm oder der Gans, gebackene und geröstete Leber oder Pfefferniernderln. Dazu passt das wirklich umfangreiche Weinangebot mit Weinen aus dem Burgenland, Niederösterreich, der Toskana, dem Friaul oder Frankreich. Kein Wunder also, dass hier auch ein Weinverkostungsclub seine Heimat gefunden hat. Im Innenhof des alten Hauses befindet sich ein angenehmer Gastgarten. Die Einrichtung des Gelbmann ist dem gutbürgerlichen Anspruch entsprechend und bietet einen guten Rahmen für alle Gasthausaktivitäten, vom normalen Wirtshausbesuch bis zu Feiern aller Art.

2000 übernahm die Familie Laskowsky den legendären Gmoakeller im dritten Bezirk, Sohn Sebastian führt ihn seither äußerst erfolgreich, sein Bruder Alexander trat 2008 in die elterlichen Fußstapfen und führt das Gelbmann in Ottakring in bewährter Art weiter.

Ein neues „altes" Wirtshaus …

Ottakringer Landhaus

1160 Wien, Albrechtskreithgasse 38, Tel. 01/485 23 44
www.ottakringer-landhaus.at
Montag bis Samstag 11 bis 24, Sonn- und Feiertag 11 bis 22 Uhr
Mittagsmenü | Gastgarten für 100 Personen

Dem Ottakringer Landhaus ist es gelungen, nach nur wenigen Jahren schon als traditionsreicher Landgasthof wahrgenommen zu werden. Das hat mehrere Gründe, der wichtigste ist ganz sicher die Geschichte des Hauses. Das Landhaus wurde nämlich in einem ehemaligen Fuhrwerkerhaus eingerichtet, und das wirkt natürlich sehr traditionsreich, gibt es doch nur mehr sehr wenige Fuhrwerkerhäuser, die so schön erhalten sind wie das heutige „Ottakringer Landhaus". Wobei auch die Bezeichnung „Landhaus" unter Umständen eine andere Erwartung an die unmittelbare Umgebung hervorrufen könnte, etwa Wiesen und Wälder. Steht man aber dann vor dem freundlichen, kleinen, gelben Haus mit den grünen Fensterläden und der typischen Hofeinfahrt, oft mit einem alten Traktor samt Anhänger davor, dann sind Landhaus und Tradition wieder eins und man kann die bewegte Geschichte des Hauses erahnen. Und erst im Hof des Fuhrwerkerhauses und in den zu Gasträumen umgebauten ehemaligen Wohn- und Lagerräumen und Stallungen fühlt man sich sehr schnell sehr wohl. Engagiert und mit großem Aufwand wurde hier aus dem ehemaligen Fuhrwerkerhaus ein modernes „altes" Wirtshaus gemacht.

Demgemäß finden sich heute keine Pferdeknechte in den rustikalen Räumlichkeiten ein, sondern ein Publikum, das das mit unter gehobene Angebot durchaus zu schätzen weiß, etwa Blunzncarpaccio mit frischem Kren, Salatbouquet und Senfsauce, luftgetrocknete Landhausschinkenspeck mit Kapernbeeren oder Chiligarnelen in Veltlinersauce, frisches Lachsfilet mit gegrillten Zucchini und Tomatenlinguini oder gebratene Garnelen auf Babyleaves.

Es gibt aber natürlich auch Wiener Schnitzel vom Kalb oder Schwein in der Pfanne gebacken mit hausgemachtem Erdäpfel-Vogerlsalat, die „Landhausschnitzel" genannte Cordon-bleu-Variante – gebackenes Schweinsschnitzel, gefüllt mit Landspeck, würzigem Emmentaler, Zwiebel und Pfefferoni, die weithin bekannten Spareribs und natürlich Schweinsbraten und Backhendl, wie wäre das anders möglich in einem Landhaus. Dass es dazu eine feine Auswahl an bezirkstypischen Bieren und eine schöne Auswahl an österreichischen Weinen, die alle auch glasweise ausgeschenkt werden, gibt, liegt fast auf der Hand.

Ganz wichtig ist auch, dass das Ottakringer Landhaus täglich geöffnet hat, nämlich auch an Sonn- und Feiertagen, eine besondere Freundlichkeit gegenüber Gästen aus nah und fern. Damit ist das Landhaus auch gut für Feiern betrieblicher und familiärer Natur geeignet, und dass hier gratis WLAN verfügbar ist, ist zwar nicht beisltypisch, aber gut. Wenn fallweise von einem herben Charme der Kellner berichtet wird, so ist das keine Unfreundlichkeit, sondern möglicherweise wohl eher eine Reverenz an die Fuhrwerker, die früher hier das Sagen hatten.

... im ehemaligen Fuhrwerkerhaus

Gutbürgerliches Wirtshaus in Ottakring

Gastwirtschaft Wolfsberger

1160 Wien, Lienfeldergasse 35, Tel. 01/486 14 55
www.gastwirtschaftwolfsberger.at
Dienstag bis Samstag 9 bis 23 Uhr
Mittagsmenü | Gastgarten für 100 Personen

Die Lienfeldergasse ist Teil eines typischen Gründerzeitviertels der zweiten Stadterweiterung ab 1890. In der für die gründerzeitliche Stadterweiterung typischen rasterförmigen Blockrandbebauung wurde neuer Wohnraum geschaffen und der alte Gebäudebestand schrittweise erneuert. Typisch für diese Blockrandbebauung – in der die Raumhöhe der Erdgeschoße und die Niveaugleichheit mit der angrenzenden Straße großen Spielraum für Nutzungen wie Handel, Handwerk, Gastronomie, Dienstleistung oder Wohnen ermöglichte – war auch, dass sich zumindest an jeder Ecke eines Wohnblocks ein Wirtshaus befand, vielfach sind die ehemaligen Lokale noch heute erkennbar. War der Weg von einer Ecke zur nächsten zu weit, so wurde auch innerhalb des Wohnblocks, sozusagen auf halber Strecke, ein Gasthaus eröffnet. Das könnte zum Beispiel eine Erklärung für den Vorgängerbetrieb der Gastwirtschaft Wolfsberger sein, der Anfang des 20. Jahrhunderts in der Lienfeldergasse 35 gegründet wurde. 1970, als keine Rede mehr von Stadterweiterung, dafür umso mehr von Stadterneuerung war, übernahm die Familie Wolfsberger das alte Gasthaus und führt es bis heute, seit Mitte der Neunzigerjahre in zweiter Generation. Die Gastwirtschaft Wolfsberger ist das, was man ein gutbürgerliches Lokal nennen könnte: gediegene Einrichtung und verlässliche Qualität. Der Wolfsberger ist kein Ottakringer Beisl, sondern ein gutes Wirtshaus mit zahlreichen Stammgästen aus der Umgebung. Die Gäste kommen wegen des Angebots aus der Küche wie gekochtes Schulterscherzl mit Röstkartoffeln, ausgelöstes Backhendl mit Erdäpfel-Vogerlsalat, gebackene Kalbsleber mit Semmelknödel, Pörkölt vom Schweinslungenbraten mit überbackenen Krautfleckerln oder auch – schon etwas sehr weit von der typischen Wirtshausküche entfernt – Vitello tonnato mit Riesenkapern, Lachsragout mit gebratenem Eierreis oder geröstetes Rindfleisch mit Zitronengras.

Die Portionen sind immer groß und auch ein gewichtiger Grund für die vielen treuen Stammgäste, obwohl die auch immer von den hausgemachten Mehlspeisen und Desserts schwärmen: etwa die Powidltascherln mit Sauerrahm, Malakoffnockerl oder Nussnudeln mit Apfelmus.

Überraschend umfangreich ist auch die Weinkarte, die Spitzenweine aus der Wachau, der Thermenregion, dem Weinviertel, dem Kamptal, der Südsteiermark und dem Burgenland bietet. Abgerundet wird das alles mit Bränden aus der Steiermark, der Wachau und dem Yspertal. Im Sommer bietet der wunderbare Gastgarten im Hof die richtige Kulisse für den Genuss dieses Angebots.

... wenn Wirtshaus und Wirtin Pause machen

Institution in Neulerchenfeld: Zum Goldenen Pelikan

Zum Goldenen Pelikan (Sittl's Weinhaus)

1160 Wien, Lerchenfelder Gürtel 51, Tel. 01/405 02 05
Montag, Dienstag und Freitag bis Sonntag 11.15 bis 23,
Donnerstag 17.30 bis 23 Uhr
Mittagsmenü | Gastgarten für 70 Personen

Der Pelikan, so es sich nicht um das gleichnamige Schreibwerkzeug handelt, ist an sich eher selten in unseren Breiten. Ein goldener Pelikan ist in der Tierwelt gänzlich unbekannt. Der in seiner Art wahrscheinlich einzigartige Goldene Pelikan ist am Lerchenfelder Gürtel zu finden und trägt auch den Namen „Weinhaus Sittl". Gut möglich, dass in einem der Verbreitungsgebiete des Pelikans, etwa auf Neuguinea, den Salomonen oder den Kleinen Sunda-Inseln, noch irgendwo ein Gasthaus mit dem Namen zum Goldenen Pelikan besteht. Stefan Chwins Roman „Goldener Pelikan" jedenfalls meint nicht das Wirtshaus oder den Wasservogel, sondern eben den Federhalter.

Der Goldene Pelikan zu Wien ist der letzte Zeuge der großen gastronomischen Vergangenheit Neulerchenfelds, als Anfang des 19. Jahrhunderts von 156 Häusern 103 eine Schanklizenz hatten und Franz de Paula Gaheis in seinen „Wanderungen und Spazierfahrten in die Gegenden um Wien" Neulerchenfeld als des „Heiligen Römischen Reiches größtes Wirtshaus" bezeichnete, wo insbesondere am Wochenende „gutmüthige Fröhlichkeit" in eine „Carricatur wilder Bacchantenfreude" umschlägt und „Lärm, Jauchzen und jede Art von Übermuth" dominiere. Ein anderer Journalist beschrieb (in „Wien: Von 1790 bis zur Gegenwart") Neulerchenfeld als eine „zweite in Schweinsleder gebundene Auflage des Wurstelpraters". Sittl's Weinhaus ist das, was davon noch übrigblieb.

Dort sitzen und stehen die Menschen der Stadt und trinken ihr Achterl und unterhalten sich über dieses und jenes oder über Themen, die genau so selten sind wie ein goldener Pelikan, zum Beispiel darüber, den Atlantik schwimmend zu überqueren.

Die Einrichtung ist einfach und klassisch: eine einladende Schank und ein schwerer Stehtisch mit der Anmutung eines Hackstockes und vier eisernen Haltegriffen zum Stehen im Trinken, hölzerne Wirtshausmöbel, ein alter Zigarettenautomat an der Wand und der mächtige zylindrische Eisenofen, der mit seinem Abzugsrohr so wirkt, als könnte er halb Neulerchenfeld erwärmen. Den draußen vor Türe unablässig vorbeidonnernden Gürtelströmen bieten drinnen die Wein-, Bier- und anderen Ströme seit Jahren erfolgreich Paroli und lassen den Eindruck entstehen, hier stünde die Zeit auf ganz eigene Weise still.

Im Hof des Wirtshauses befindet sich ein schöner kleiner Garten und dort das „Pelikanstüberl" genannte Extrazimmer, heute als Nichtraucherlokal beschriftet, was irgendwie auch ein Statement ist. Das berühmte Pelikanstüberl ist aber nicht nur der Nichtraucherbereich, sondern auch Austragungsort zahlreicher Lesungen und Musikveranstaltungen.

Der Zugang zum Gastgarten wirkt wie der Eingang zu einem magischen Märchenpark, und das ist der Garten dann auch in der einen oder anderen Form. Dann und wann, zu später Stunde, kann es sein, dass jemand versucht, das Zitat aus Dante Alighieris „Göttlicher Komödie" zu deuten: *„Er ruht' am Busen unsers Pelikan; Ihn hat der Herr zur großen Pflicht erlesen, Als er den Martertod am Kreuz empfah'n."*

Gaststube: seit Jahren unverändert

Zur Alten Schmiede

1160 Wien, Kendlerstraße 38, Tel. 01/985 69 82

Montag bis Freitag 8 bis 20 Uhr, Feiertag geschlossen

Mittagsmenü

Die Alte Schmiede heißt nicht nur so, in dem alten, typischen Vorstadthaus war früher einmal tatsächlich eine Schmiede untergebracht. Was ja nicht unbedingt so sein muss – die wenigsten Lokale mit Namen wie „Goldener Hirsch" oder „Schwarzer Adler" waren in ihrer Vorgeschichte einmal ein städtischer Adlerhorst oder eine aus Rentabilitätsgründen eingestellte Hirschzucht.

Frau Liesl's Tipp

Mayonnaise gelingt, wenn die Zutaten Öl und Eidotter dieselbe Temperatur haben.

Seit mehreren Genrationen ist die Alte Schmiede schon ein Familienbetrieb und wird konsequent in der immer gleichen Form weitergeführt. Das heißt, es wechseln mit den Generationen zwar die Wirtsleute, der Geist des alten Beisls bleibt aber derselbe, und das ist gut so.

Schon vor etlichen Jahren, besser Jahrzehnten, als sich auf dem heutigen ÖAMTC-Gelände noch ein großer Festplatz befand, auf dem Größen wie Biron und Knapp, Wondra und Zwickl, Leila Negra, Peter Alexander und Dieta Zusa, besser bekannt als Lolita, auftraten, war die Alte Schmiede ein beliebtes Lokal. Die Künstler von damals sind zum Großteil schon der Vergessenheit anheimgefallen, die Alte

Früher eine Schmiede, seit Jahrzehnten ein Wirtshaus ...

... und ein wichtiger Treffpunkt im Grätzel

Schmiede aber ist nach wie vor ein beliebtes Vorstadtlokal und ein wichtiger Treffpunkt im Grätzel.

So weit hat sich nichts verändert, auch nicht an der angenehmen Gasthausatmosphäre und den zahlreichen Stammgästen. Die Stammgäste von damals sind vielleicht auch ein wenig älter geworden, die jungen gleichen das aber wieder aus.

Die Küche bietet typische Hausmannskost wie Augsburger, Krenfleisch, Blunzenradl, Bauernschmaus, ein richtiges Wirtshausgulasch und hin und wieder Beuschel mit Knödel, Hirn mit Ei oder Rindsroulade mit Teigwaren. Täglich gibt es einen Hühnerfleischsuppentopf, der Kranke heilt und Gesunde stärkt, und anstelle der sonst allgegenwärtigen „Chickenwings" gibt es hier – im Beisl – Hühnerhaxerl. Die Chefin kocht von acht Uhr morgens bis sieben Uhr abends, um acht ist Sperrstunde, wenn sich nicht eine fidele Runde am Stammtisch oder an der Schank für ein paar Abschlussachterln einmauert. Gäbe es klassische Gasthäuser wie die Alte Schmiede nicht, wäre die Beislwelt vielleicht keine andere, aber sicher eine ärmere.

Weinhaus Arlt

1170 Wien, Kainzgasse 17, Tel. 01/486 02 93, www.weinhausarlt.at
Dienstag bis Samstag 11 bis 23, Sonn- und Feiertag 11 bis 16 Uhr,
Juli und August Dienstag bis Samstag 11 bis 23 Uhr,
Feiertag geschlossen

Mittagsmenü | CC | Schanigarten für 35 Personen

Die Geschichte des Weinhauses Arlt in der Kainzgasse ist gut dokumentiert. Es wurde 1898 als Gasthaus mit dem schönen Namen „Zum lustigen Fuhrmann" gegründet, die heutige Entsprechung wäre vielleicht „Zum fröhlichen Chauffeur", allerdings käme niemand auf die Idee, ein Lokal so zu nennen. Wieso eigentlich nicht? Das Weinhaus Arlt heißt so, seit Ernst Arlt das Wirtshaus 1927 übernahm und bis 1970, mehr als vierzig Jahre, führte. Auch die Nachfolger behielten den Namen bei. Einer der Nachfolger Ernst Arlts auf diesem Standort war Franz Marchhart, der das Arlt beinahe zwanzig Jahre führte und jetzt das ehemalige Gasthaus Hummer, das heutige Wirtshaus Franz in der Florianigasse, innehat. Und auch Thomas Zalud, der Arlt-Wirt seit 2008, hatte schon einige gastronomische Erfahrung hinter sich, ehe er sich dem Arlt widmete.

Das Lokal beeindruckt noch immer durch seine große Schank, die den Gast freundlich empfängt und zum Stehachterl animiert. Dabei bietet sich die gute Gelegenheit, ein über die ganze Länge der eindrucksvollen Schank reichendes Wandbild zu studieren, das in

Rot ist die bestimmende Farbe im Raum

Thomas Zalud an seiner wohlgefüllten Schank

lustigen Bildern das Leben der Weinbauern illustriert, von der Traubenanlieferung über das Pressen bis zum Genuss des Weines. Interessanterweise sind aber nicht nur Weinhauer und ihre Tätigkeiten dargestellt, sondern auch allerhand fideles Wichtelvolk, das sich bei der Verkostung um den weinseligen Weinbauern schart oder sich im Keller das köstliche Getränk gleich selbst einverleibt.

Im Weinhaus Arlt dagegen ist nichts wichtelmäßig, das ganze Wirtshaus präsentiert sich stolz und prächtig mit der etwas eigenwilligen roten Farbgebung der Wände. Das Rot passt auch ganz gut zu der riesigen Weinkarte, die heimische und internationale Weine bietet, vom jungen Grünen Veltliner bis zum reifen Piemonteser. Wer es nicht so mit Wein hat, lässt sich ein Bier schmecken, und auch das verträgt sich hervorragend mit der Einrichtung des Weinhauses.

Auch wenn Weinhaus draufsteht, ins Arlt geht man nicht nur auf ein Glas Wein. Hierher kommt man vor allem auch der Küche wegen, die in der Tradition der Wiener Wirtshausklassik steht und viele Freunde hat. Um in den ganzen Genuss zu kommen, sollte aber sicherheitshalber reserviert werden, wenn der Gusto auf ein mageres Meisl, einen Stefanibraten, ein geschmortes Schulterscherzl den Gast in die Hernalser Vorstadt führt. Die Karte bietet auch Carpaccio vom Weiderind, Wiener Weinbergschnecken oder ein klassisches Rindsgulasch, Wiener Schnitzel vom Kalb oder Schwein, gesottene Gustostückerl vom Weiderind oder, frisch vom Fleischhauer, Leber vom Jungbullen gebacken oder geröstet. Als Alternative zu Schwein und Rind gibt es frischen Flussfisch und natürlich alle saisonalen Angebote vom Spargel bis zum Schwammerl. Besonderer Wert wird in der Küche auf regionale und heimische Produkte gelegt. Im Sommer ist der Schanigarten in der ruhigen Kainzgasse die schöne Freiluftvariante des Arlt.

Das letzte klassische Wein- und Bierhaus in Hernals

Der Brandstetter

1170 Wien, Hernalser Hauptstraße 134, Tel. 01/486 46 25
www.derbrandstetter.at, täglich 8 bis 24 Uhr
Mittagsmenü | Gastgarten für 40 Personen

Ein großartiger Glücksfall hat den Brandstetter das werden lassen, was er schon immer war, eines der typischsten Wirtshäuser in Hernals, ein tolles Beisl und ein wunderbares Gasthaus. Der Glücksfall begab sich in Gestalt der heutigen Betreiber, die, als die ehemalige Pächterin in Ruhestand ging, von Stammgästen zu Wirtsleuten wurden und alles so ließen, wie es war, und trotzdem vieles erneuerten und verbesserten.

Beim Brandstetter kommt man unweigerlich ins Schwärmen, seit über 120 Jahren befindet sich hier schon ein Wirtshaus und große Teile der Einrichtung stammen noch heute aus dieser Zeit: die klassische Einrichtung mit uralten, holzvertäfelten Wänden, die alten Holzbänke und -tische, die typische Trennung zwischen Schankraum und Speiseraum, eine lange Stehschank, Stehtische und, und, und. Schon von außen gibt sich der Brandstetter mit alten Anschlagtafeln und vorbildlicher Beschilderung auch für den Beisl-Laien als gutes und wichtiges Gasthaus zu erkennen, von innen sowieso.

Die Karte bietet von früh bis spät die Klassiker der Wiener Wirtshausküche und ein tägliches Menü. Dazu eine schöne Auswahl verschiedener Biere, etwa Villacher, Kozel, Pilsner Urquell, und das nur wenige Meter entfernt vom Bezirk mit dem gleichnamigen Bier, und natürlich Weine in ausreichender Menge und entsprechender Qualität. Der Brandstetter war ja früher auch eine „Bier- und Weinhalle“.

Hier ist auch ein Treffpunkt der Freunde des Wiener Sportklubs, der hervorgegangen ist aus dem Wiener Sportclub – 1883 gegründet und damit der älteste Sportverein Österreichs. Erfolge wie das 7:0 gegen Juventus Turin sind Teil der bewegten Geschichte. Heute sind es nicht mehr nur die sportlichen Erfolge des Vereins, sondern vor allem seine zahlreichen und engagierten Freunde und Fans, die den Sportklub zu einem besonderen Klub machen. Gruppen wie die „Freunde der Friedhofstribüne" und eine treue Fangemeinde, die sich mit ihrer klaren Philosophie am ehesten mit den Fans des FC St. Pauli vergleichen lassen, machen den Wiener Sportklub zu einem außerordentlichen – für viele zum einzig wahren – Fußballklub der Stadt. Wie auch immer, wenn Fußballklubs nach ihren Fans und deren Treffpunkten beurteilt werden würden, wäre der Wiener Sportklub sehr weit oben in der obersten Liga. So bleibt zumindest die Gewissheit, dass sich im Brandstetter hervorragend über Fußball und die zwei, drei anderen wichtigen Dinge des Lebens diskutieren lässt.

Einer der besten Plätze dafür ist an der Biegung der Schank im „Wendepunkt der Theke", wo man die beste Aussicht hat auf die Hernalser und Nichthernalser, die hier trinken, essen, sich unterhalten, Karten spielen, in stiller Hingabe einen Bastei-Western oder eine Tageszeitung lesen oder sich einfach noch ein Glas an der Theke bestellen.

„Begrabt mein Herz an der Biegung der Schank" ist hier kein leeres Indianersprichwort, sondern vermutlich der Wunsch zahlreicher Stammgäste.

Treffpunkt der Sportklub-Fans

Zum Herkner

1170 Wien, Dornbacher Straße 123, Tel. 01/485 43 86

Montag bis Freitag 11 bis 22 Uhr, Feiertag geschlossen

CC | Gastgarten für 35 Personen

Dornbach wurde aufgrund seiner Lage in früher Zeit mannigfaltig heimgesucht: Einfälle durch Matthias Corvinus' Truppen, die Türken, die Pest und 1805 und 1809 die Franzoseninvasionen sind markante Eckpfeiler in der Geschichte der kleinen Gemeinde. Wie zum Ausgleich dafür erfreute sich Dornbach in späteren Jahren einer prosperierenden Entwicklung. „Im 18. bis zu Anfang des 19. Jahrhunderts entstanden hier viele Villen und Bauernhäuser, die als Sommerwohnungen gerne Absatz fanden. Zeiselwagen und später die bequemen Stellwagen erhöhten den Verkehr zwischen Wien und Dornbach, der durch die Eröffnung der Tramway 1866 einen ungemein starken Besuch der Ortschaft zur Folge hatte" (Richard Groner, „Wien wie es war"). Dem Bau der Tramway verdankt Dornbach auch eine sakralarchitektonische Besonderheit: Um die Umkehrschleife der Tramway bauen zu können, musste eine 1713 gestiftete kleine Kapelle geschleift werden. 1908 wurde die St.-Anna-Kapelle im neobarocken Stil wiedererrichtet und zeichnet sich

Frau Liesl's Tipp

Erdäpfelsalat: wird verfeinert, wenn die Marinade mit Rindssuppe statt Wasser aufgegossen wird.

Herzhafte Küche in charmant-klassischem Ambiente

Seit Jahren ein Garant für gute Wiener Küche

seither durch ihre ungewöhnliche Lage inmitten der Umkehrschleife der Straßenbahnlinie 43 aus.

Vis-à-vis von Umkehrschleife und St.-Anna-Kapelle befindet sich seit langer Zeit schon ein herrliches altes Gasthaus. Das Herkner verdankte seinen legendären Ruf dem ehemaligen Wirt Heinz Herkner, der nach unterschiedlich erfolgreichen Wanderjahren hier seine Bestimmung fand und aus dem alten Wirtshaus eines der ersten Edelbeisl machte, mit einer in ganz Wien bekannten fabelhaften Küche. Der Küchenchef ist lange nicht mehr, und einige Zeit ruhte auch das Lokal, bis es von Martina und Karl Riedler neu übernommen wurde und seither im Geiste Heinz Herkners geführt wird.

Es hat sich auch nichts an der wunderbaren Einrichtung des alten Wirtshauses geändert, sein besonderer Charme besteht bis heute: die alte Schank, der Holzboden, die Möbel, die Bilder an der Wand. Die Einrichtung ist noch immer schlicht und klassisch die eines traditionellen Gasthauses. Ganz besonders ist auch der kleine Hofgarten, der „Alt-Wiener Garten". Und natürlich die Küche, noch immer die klassische Wiener Gasthausküche, zeitgenössisch und „herzhaft". Zum Beispiel, wenn's um pikante Krautfleckerl oder Haussulz, Geflügelleberterrine, die herrliche Rindsuppe, gekochtes Schulterscherzl, gebackene Beiriedschnitte, gebackenen Kalbskopf, gebackenes Faschiertes, Selchripperl, den eher seltenen Girardi-Rostbraten – in Begleitung von Speck und Champignon –, Rehragout, Hühnerbrust, Hasenlauf oder Kalbszunge geht.

„Bier und Hauerweine" steht auf einem alten Wirtshausschild vor dem Lokal zu lesen. Das Bier ist wunderbar gezapft, die Weine der Hauer fein ausgewählt und auf den offenen Hauswein Verlass. Allesamt also gute Gründe, so wie einst die Altvordern einen vergnüglichen Ausflug nach Dornbach zu machen.

Eingang zur Bierstube

Ins Liebstöckl

1170 Wien, Leopold-Kunschak-Platz 2
Tel. 01/957 71 24, www.liebstoeckl.at, Montag bis Freitag 9 bis 21, Samstag, Sonn- und Feiertag 10 bis 16 Uhr
Menü | Schanigarten für 60 Personen

Der Liebstöckel oder Luststock, wie er auch genannt wird, hat ein sehr starkes Aroma, einen kräftig-würzigen Geschmack und erinnert an Sellerie, in der Küche soll er zurückhaltend eingesetzt werden. Der Pflanze Liebstöckel ist allerdings ein eigenartiges Schicksal widerfahren: Aufgrund seiner Geschmacksähnlichkeit mit der berühmten Schweizer Maggi-Würze wird es sehr häufig auch Maggikraut genannt, obwohl Maggi kein Liebstöckel enthält und umgekehrt. Die Familie Peterseil – erinnert entfernt auch an ein beliebtes Küchenkraut – hätte ihr Lokal an der Alszeile ja auch Maggi-Eck nennen können, aber das hätte halt lang nicht den Reiz wie der schöne Name Liebstöckl. Obwohl, dann könnte es keine Verwechslungen geben. Wer sich nämlich im Liebstöckl was ausmacht, muss darauf achten, dass von ein und demselben Liebstöckl die Rede ist. Es gibt nämlich auch ein Liebstöckl & Co im 19. Bezirk, mitten in Grinzing. So gesehen wäre vielleicht Maggi-Eck gar nicht so schlecht.

Das Liebstöckl am Leopold-Kunschak-Platz ist aber auf jeden Fall ein richtiges und auch recht großes Wirtshaus vom Grund. Die Gasträume sind mit viel Holz eingerichtet und vermitteln die gutbürgerliche Gasthausatmosphäre, die hier erwartet wird. An den Wänden zeugen alte Fotografien von den Mühen und Freuden des Biertransportes, als dieses ehrenwerte Geschäft noch Bierkutscher innehatten. Über dem Durchgang vom Schankraum in das sogenannte Bierstüberl hängt ein großes Schild, das rustikal gekleidete Menschen und ein Budweiser- und Paulaner-Logo zeigt, vor der Aufschrift „Hier zapft man Bier wie im Schweizerhaus". Aha, denkt sich da der Gast, so schnell oder mit so viel Schaum? – und gibt ein Probekrügerl in Auftrag. Kein Grund zur Klage, im Liebstöckl wird das Bier ordentlich gezapft.

Ordentlich wie das Bier ist auch das Angebot aus der Küche mit „Alt-Wiener Beuschel", ofenfrischem Schweinsbraten, steirischem Wurzelfleisch, ausgelöstem Backhendl, Jägerrostbraten, Kalbsleber nach „Zigeuner Art" oder „Hernalser Spießen". Fisch und vegetarische Angebote ergänzen die Karte. Interessant ist das Schnitzelangebot für Kinder: Es gibt das Kinderschnitzel Max vom Schwein und Moritz vom Huhn. Dass auch sonntags und feiertags die Küche nicht kalt bleibt, wissen viele Stammgäste zu schätzen. Im Sommer bietet das Liebstöckl einen großen Schanigarten mit Ausblick auf das neogotische Hauptgebäude des Hernalser Friedhofs am Leopold-Kunschak-Platz.

Hier, am siebtgrößten Friedhof Wiens, haben so berühmte Personen wie Josef Bratfisch, der Fiaker des Kronprinzen Rudolf, Betty Fischer, das Lercherl von Hernals, Johann und Josef Schrammel, die Begründer der Schrammelmusik, Konrad Bayer oder Ernst Happel ihre letzte Ruhe gefunden. Man kann mit großer Sicherheit davon ausgehen, dass sich alle lieber im Liebstöckl einfinden würden.

Stimmige Gasthausatmosphäre und gut gezapftes Bier

Zum Lercherl von Hernals

1170 Wien, Hernalser Hauptstraße 70, Tel. 01/405 83 15

www.lercherl.at

Montag bis Samstag 11 bis 24 Uhr, Sonn- und Feiertag geschlossen

Mittagsmenü | Gastgarten im Innenhof für 50 Personen

Das „Lercherl von Hernals" ist ein Lied aus Leo Aschers Operette „Hoheit tanzt Walzer" – Libretto von Julius Brammer und Alfred Grünwald –, die 1912 im Raimund Theater uraufgeführt wurde. Die Wiener Soubrette Betty Fischer wurde mit diesem Lied so bekannt, dass sie selbst als das „Lecherl von Hernals" bezeichnet wurde.

Das „Lercherl von Hernals" ist aber auch ein bekanntes Hernalser Wirtshaus an der Hernalser Hauptstraße, gesellig und fidel wie der namensgebende Vogel.

Ins „Lecherl" kommen die Hernalser seit langer Zeit, um ein gut gezapftes Bier zu trinken und recht erwachsene Portionen aus der Wiener Küche zu essen, etwa das klassische Schnitzel, Blunzengröstel, Zwiebelrostbraten, Wiener Backfleisch, Hirn mit Ei oder Leber gebraten und gebacken.

Das „Lecherl", seit vielen Jahren ...

... ein fröhlicher und gutbesuchter Ort in Hernals

Die Bezirksvorstehung ist nur einen halben Stein- respektive Knödelwurf entfernt, damit ist das Lecherl von Hernals auch so etwas wie das inoffizielle Hernalser Bezirksbeisl. Die besondere Lage am Hernalser Spitz führt dazu, dass das Lokal von der Hernalser Hauptstraße bis zur Jörgerstraße reicht und so die beiden wichtigsten Hernalser Straßen verbindet. Das ist auch gut zu wissen, wenn man zum Beispiel in James-Bond-Manier Verfolger abschütteln will.

Frau Liesl's Tipp

Endiviensalat: Die Bitterstoffe werden durch Einweichen in lauwarmem Wasser entzogen.

Der Eingang an der Jörgerstraße führt durch den schattigen Hofgarten, der Eingang von der Hernalser Hauptstraße führt in die Gasträume. Die Theke wirkt dort ein wenig wie ein Kartenschalter, bei dem man sich eben nicht um eine Eintrittskarte, sondern um ein Bier oder ein Glas Wein – auch irgendwie eine Eintrittskarte – anstellt. Der Vergleich mit dem Kartenschalter passt auch deshalb besonders gut, weil die ganze Stirnseite der Schank vollgehangen ist mit Bildern von Musicalproduktionen und Künstlerfotos vom nahegelegenen Metropol. Mit den zahlreichen Plakaten dazu wirkt das Lercherl auch ein wenig wie ein Vorstadt-Künstlerwirtshaus. Hierher kommen nicht nur die Schauspieler aus dem Metropol, sondern auch die Besucher vor oder nach der Vorstellung von „Go West", „Charlies Tante", Konzerten oder Kabarettabenden.

Wohin Sie in Ottakring und Hernals auch noch sollten:

Gasthaus Elsner

1160 Wien, Neumayrgasse 2
Tel. 01/492 55 96
www.gasthaus-elsner.at
Mo–Fr 9–22 Uhr, Fei geschlossen
Tageskarte

Familienbetrieb seit rund 80 Jahren. Gekocht wir traditionell wienerisch, saisonale Spezialitätenwochen stehen am Programm und Selbstgemachtes wie Blut-, Leber- und Bratwürste.

Schutzhaus Waidäcker

1160 Wien, Steinlegasse 35
Tel. 01/416 98 56
www.schutzhaus-waidaecker.at
Mi–So 10–22 Uhr
Mittagsmenü | Gastgarten für 250 Personen

Liebevoll renoviertes und gepflegtes Schutzhaus, umgeben von Kleingartensiedlungen. Gekocht wird Wienerisch, auch Innereien und Fisch.

Weinschmankerl

1160 Wien, Veronikagasse 17, Tel. 01/408 41 38, www.weinschmankerl.at
Mo–Fr 9–22, So 9–15 Uhr
Mittagsmenü | Schanigarten für 20 Personen

Der Rebensaft findet sich nicht von ungefähr im Namen des Lokals, denn der Wirt ist auch Weinbauer und das in Maissau im Weinviertel. Ausgeschenkt werden deshalb eigene Hauerweine, und dazu gibt es Kaltes und Warmes aus der Wiener Schmankerlküche.

Marien Beisl

1170 Wien, Mariengasse 17
Tel. 01/485 53 33
www.marienbeisl.at, Mo–Fr 9–24 Uhr, Sa, So, Fei geschlossen
Mittagsmenü | Innenhofgastgarten für 32 Personen

Stimmungsvolles Eckbeisl mit klassischer Wiener Küche.

Schrammelbeisl

1170 Wien, Kalvarienberggasse 51
Tel. 01/402 58 00, www.schrammelbeisl.at, Di–Sa 16–24 Uhr

Wirtshaus (eher schon Restaurant), das sich seit 2012 den Spezialitäten aus der Schrammelstadt Litschau und der Waldviertler Regionalküche verschrieben hat, wie z.B. Erdäpfelknödel, Waldviertler Schweinsbraten, Schremser Krautfleckerln etc.

Zöbinger Stöckl

1170 Wien, Sandleitengasse 64
Tel. 01/486 22 29, www.zoebingerstoeckl.at, Di–Sa 11.30–14.30 und 18–23, So, Fei 11–16 Uhr
CC | Gastgarten für 60 Personen

Gepflegtes Lokal mit feiner traditioneller und moderner Wiener Küche. Die Weine stammen nicht nur, wie der Name vermuten ließe, aus Zöbing im Kamptal, sondern aus allen Weinbauregionen Österreichs, die Karte ist wohlsortiert.

Währing und Döbling

Währing war in der Biedermeierzeit vor allem eine beliebte Sommerfrische und entwickelte sich erst langsam zu seiner späteren Blüte. Wie andere Bezirke außerhalb des Gürtels auch hatte Währing Mitte des 18. Jahrhunderts mit dem Köpf'schen Etablissement eine sehr beliebte „Volksvergnügungsstätte". Es befand sich vor dem Währinger Linienwall in einer aufgelassenen Sandgrube, die zum Park umgestaltet worden war, und wird als „eine eigenartige Gastwirtschaft mit Restauration, Tanzsälen, Ringelspiel, Hutschen etc." beschrieben. Heute finden sich in Währing alte und neue alte Wirtshäuser ganz unterschiedlicher Prägung und Ausrichtung.

Döbling ist charakterisiert durch die alten Ortsbilder der Winzer- und Heurigendörfer in den Tälern der Wienerwaldbäche, mit ausgedehnten Weinhängen im größten Weinbaugebiet Wiens und weiten Wäldern, aber auch durch die zahlreichen Villen im Cottageviertel – und, im krassen Kontrast dazu, durch den weltberühmten Karl-Marx-Hof, einen der bedeutendsten Bauten des Roten Wien. In Döbling sind vor allem die berühmten Heurigen zu finden, um die Wien auf der ganzen Welt beneidet wird. Sozusagen für den Alltagsgebrauch sind aber auch noch einige Gasthäuser anzutreffen, das wichtigste davon ist sicher der Gasthaus Zum Renner am Nußdorfer Platzl, das in jeder Hinsicht weit über das Alltägliche hinausgeht.

Freyenstein

1180 Wien, Thimiggasse 11, Tel. 0664/439 08 37, www.freyenstein.at
Dienstag bis Samstag 18 bis 24 Uhr
CC | ❁ Gastgarten im Innenhof für 50 Personen

In der Thimiggasse 11, dort, wo heute das Freyenstein ist, befand sich vor einigen Jahren einmal ein Studentenlokal oder eine „Hüttn", je nach Wahrnehmung. Jetzt ist es nach eigener Definition ein Gourmetgasthaus, und diese Kategorisierung trifft ganz gut, was man im Freyenstein erwarten darf und zu wünschen hofft. Dem gemeinen Beislgeher in seinem angestammten Biotop ist ein Koch von der Klasse Meinrad Neunkirchners meist unbekannt. Nun hat es sich aber zugetragen, dass Herr Neunkirchner, der eine besondere Leidenschaft für Wildkräuter, Wildpflanzen und Wildfrüchte hegt, in einem Lokal kocht, das, wenn man es betritt, sich ohne weiteres als nettes Beisl mit einem gemütlichen Schankraum präsentiert. Geht man weiter, verändert sich der Eindruck etwas und aus dem gasthausartigen Lokal vorne wird, je weiter man vorankommt, ein Lokal mit restaurantartigem Ambiente, das zu guter Letzt in einen wunderbaren Gastgarten im Schatten großer Bäume mündet. Aber wenn das Freyenstein nur ein tolles Beisl oder ein gutes Gasthaus wäre, gäbe es nicht das G'riss um die Plätze. Ohne Reservierung hier einfach hereinzuschneien und auf einen Platz zu hoffen, bedarf einer guten Portion Optimismus einerseits und, wenn es klappt, Glück andererseits. Wobei Glück auf jeden

Meinrad Neunkirchner, der Patron

Früher Studentenbeisl, heute Gourmetgasthaus

Fall diejenigen empfinden, die einen Platz bekommen haben und somit an den raffinierten Darbringungen aus der Küche teilhaben dürfen. Und es sind zahlreiche Gänge, die da aus der Küche ihren Weg auf den Tisch finden. Seit einiger Zeit wird im Freyenstein gänzlich auf eine Speisekarte im herkömmlichen Sinn – das heißt, der Gast hat die Qual der Wahl und der richtigen Kombination – verzichtet, es gibt nur eine laufend wechselnde Karte, die das aktuelle Degustationsmenü beschreibt. Eine Speisenfolge, die in ihrer Vielfalt und geschmacklichen Variationsbreite ihresgleichen sucht. Den Beginn macht ein freundlicher, immer herrlicher Gruß aus der Küche, bevor es entlang der Karte durch ein Dutzend kleiner Speisen geht.

In so einem Menü kommen dann nacheinander Außerordentlichkeiten vor wie Ofenparadeiser mit Balsamico, Schalottenbutter, Mönchsbart und Pimpernelle, Sulz vom Sonnenschwein mit Radieschen, Taubnessel und Beifuß, Essenz vom Sommerbock mit kleinen Wurzeln und Tripmadam, cremige Eierschwammerl mit Kalbskopftascherl und Majoran, Maishendl mit Kohlrabi und Zucchini im Hollerblütenfond und Pilzkraut und zum Abschluss „La Bouse" – ein Schweizer Weichkäse mit dem schönen Namen „Kuhfladen" – mit grünem Paradeiser-Coulis & Ringlotte oder Dessertvariationen.

Gerne lässt man sich von der fast endlos scheinende Speisenfolge, die in kleinen Schalen der Reihe nach auf den Tisch kommt, auch an Menüfolgen in Restaurants in der piemontesischen Langhe erinnern, nur scheinen sie hier noch subtiler. Der Begriff Gourmetgasthaus ist wohl eigens für das Freyenstein geschaffen worden, und vielleicht gibt es bald auch irgendwo ein Gourmetbeisl. Wenn es in dieser Qualität geschieht, hat sicher auch der gemeine Beislgeher nichts dagegen einzuwenden, noch dazu, wo die Preise angesichts der Qualität unschlagbar und höchst erfreulich sind.

Vom Franziskanerplatz auf den Bischof-Faber-Platz

Gasthaus Immervoll

1180 Wien, Bischof-Faber-Platz 8, Tel. 01/804 07 31
www.gasthaus-immervoll.at, täglich 12 bis 24 Uhr
CC | Schanigarten für 20 Personen

Es war einmal ein Koch, der kochte hin und wieder kleine Sachen für ein kleines Café in der Innenstadt. Das machte er so gut, dass gar bald ein nahegelegenes Lokal übernommen wurde, das fortan seinen Namen trug und großen Erfolg und viele Freunde hatte. Seine Schnitzel waren landauf, landab berühmt und beliebt, und auch das Backhendl und das Butterschnitzel und alles andere, was aus seiner Küche kam. Als ihm dann aber, wie weiland den Galliern, der Himmel oder zumindest die Decke auf den Kopf zu fallen drohte, zog er hinaus in den Wienerwald, um in einer Postschänke sein Glück zu suchen, das er dort aber nicht wirklich fand. Dafür fand das Glück ihn, in Gestalt der Wirtin eines kleinen Lokals aus Hietzing auf Landpartie. Und ganz so, wie es auch in richtigen Märchen geschieht, verliebte sie sich in den Koch. Es dauerte nicht lange und sie verließen gemeinsam die alte Postschänke, um in Gersthof am Bischof-Faber-Platz gemeinsam ein neues Lokal zu eröffnen. Noch immer hieß das Lokal Immervoll, und wie im Immervoll in der Stadt und dem im Wienerwald bot

Frau Liesl's Tipp
In Kraftbrühe oder Consomme niemals Schnittlauch beimengen.

die Küche fleischliche und vegetarische Genüsse mit hochwertigen biologischen Lebensmitteln von österreichischen Lieferanten, dazu gesellte sich die nachhaltige, gesunde Küche, die aus Hietzing mitgekommen war.

Nun ist das neue Immervoll zwar kein Beisl wie das Ur-Immervoll, aber doch ein Gasthaus, dem man noch ein wenig die Vorgänger an dieser Adresse anmerkt. Was die Einrichtung, das Ambiente nicht kann, kann die Küche, und deshalb sind wir ja schließlich hier. Etwa für gebackene Hühnerleber, pikanten Rindfleischsalat, warmes Rindermark mit getoastetem Schwarzbrot, geschmorte Rinderbackerln, Reisfleisch mit Blattsalat, Kalbsrahmherz, gekochtes Beinfleisch, geröstete Knödel, Eierschwammerl-Teigtascherln und natürlich das Wiener Schnitzel vom Kalb mit Erdäpfelsalat oder aus dem Wasser eine Meeräsche Müllerin Art oder das gebratene Saiblingsfilet, wer noch kann, schließt mit Esterhazy-Schnitte mit Schlagobers oder einem Mousse von weißer und schwarzer Schokolade.

Viele Freunde, die schon im Ur-Immervolll zu Gast waren, kommen jetzt nach Gersthof ins neue Immervoll, und bald ist das vielleicht auch wieder immer voll.

Die Küche blieb vom Ortswechsel unbeeindruckt

Wirtshaus Steirerstöckl

1180 Wien, Pötzleinsdorfer Straße 127, Tel. 01/440 49 43
www.steirerstoeckl.at, Mittwoch bis Sonntag 11.30 bis 22 Uhr
Mittagsmenü | Gastgarten für 80, Wintergarten für 35 Personen

Wenige Bundesländer sind im kulinarischen Weichbild der Stadt so stark vertreten wie die Steiermark, und die macht ja bekanntermaßen nicht im Wirtshaus halt, sondern breitet sich alljährlich einmal, zum Gaudium der Steirer und Nichtsteirer, auf den Rathausplatz aus. Außer den obligatorischen Burgenländer- und Kärntnerstüberln oder -espressos gibt es kaum Bundesländermarkierungen in den heimischen Gastwirtschaften, vielleicht hin und wieder Salzburger Nockerln oder Tiroler Knödel. Andere sind noch weniger vertreten, etwa die sonst so auffälligen Vorarlberger, die kommen in der Wiener Gastroszene bestenfalls als Gäste vor, oder es wird irgendwo eine Persiflage auf das einzige Vorarlberger Gericht, das auch über die Grenzen des Landes hinaus bekannt ist – die Käsespätzle –, geboten.

Die Steirer dagegen zählen unumstritten zu der am stärksten vertretenen Landmannschaft in Wien: Steirerstubn, steirische Botschaft, steirische Jagerstuben, Steirereck und das Steirerstöckl, dort findet man aber nicht nur steirische Spezialitäten, sondern durchaus Wienerisches bis zu internationaler Hochleistung.

Das Steirerstöckl in Pötzleinsdorf hat seine Wurzeln beim Jagawirt am Reinischkogel in Sankt Stefan ob Stainz, wo seit vielen Jahren schon Produkte aus der eigenen Landwirtschaft und von benachbarten landwirtschaftlichen Betrieben angeboten werden. Das Stei-

Jagawirt-Dependance in Pötzleinsdorf

Idyllisch wie am steirischen Reinischkogel

rerstöckl ist sozusagen die Wiener Dependance des Jagawirt und wie der ein sehr nettes Gasthaus am Waldesrand mit einem sehr schönen Gastgarten. Viele seiner Ausgangsprodukte bezieht das Steirerstöckl vom Jagawirt bzw. von seinen Lieferanten, die hier penibel auf der Karte angeführt sind.

Das Interessante an diesem Stück fein-uriger Steiermark in Wien ist, dass das beliebte Ausflugsgasthaus fast so weit weg ist wie die echte Steiermark, nur kann man hier ein Stück des Weges mit der Straßenbahn zurücklegen. Hierher kommen gerne junge Familien, die ihren Nachwuchs auf den Spielplatz schicken, während fein gespeist und sich unterhalten wird, und hin und wieder Prominenz oder auch auswärtige Gäste, die sich möglicherweise verfahren haben. Es kommen auch Gäste, die sich daran erinnern, dass hier ein Weg in den Wald führte, an dem man in jungen Jahren auf Teufel komm raus herumgeschmust und sich hier und dort aufgeregt berührt hat auf dem Weg zum Erwachsenwerden. Ein wenig wehmütig schauen sie heute dem Weglauf nach, seufzen: „Damals ..." und prosten sich vielleicht zu.

Zu all der Idylle bietet die Karte des Steirerstöckls Bodenständiges wie Bauernbrot mit Verhackertem, Brettljause mit Waldschweingeselchtem, Käferbohnensalat mit Kernöl, Reinischkogler Waldschwein in verschiedenen Formen und Zubereitungsarten oder Lamm vom Reinischkogel, Styria-Beef, Steirerhuhn und heimischer Fisch aus dem benachbarten Oberösterreich. Es gibt aber auch seltene Angebote wie Sulzerl vom Waldschweinleberkäs, steirischer Nudel-Hendelleber-Auflauf oder Carpaccio von der steirischen Lachsforelle und natürlich steirische Eierschwammerl in der Saison.

Die Weine sind vom reschen Welschriesling bis zum kräftigen Sauvignon blanc selbstredend ebenfalls steirisch.

Allesamt gute Gründe für Steiermarkfreunde und die, die es noch werden wollen, für einen kleinen gastronomischen Ausflug nach Pötzleinsdorf.

Robert's Alt Sievering

1190 Wien, Sieveringer Straße 63, Tel. 01/320 58 88

www.alt-sievering.at, täglich 10 bis 23 Uhr

Mittagsmenü | CC | Schanigarten für 20, zwei Gastgärten für je 50 Pers.

Alt Sievering, bei dem Namen nimmt es nicht Wunder, dass das Gasthaus schon rund 150 Jahre alt ist. Robert Weigl, der Wirt und Vornamensgeber des Gasthauses, hat hier schon seine Lehrjahre verbracht. Damals hieß es noch „Alt Sievering – Walter Slupetzky". Als sich die Familie Slupetzky aus der Gastronomie zurückzog, bot sich für Robert Weigl nach einigen Lehr- und Wanderjahren die Chance zur Rückkehr an die Stätte seiner ersten beruflichen gastronomischen Prägung, und er nutzte sie.

Das von der Familie Slupetzky liebevoll gepflegte Wirtshaus wurde weitgehend so erhalten, wie es schon seit vielen Jahren war, da und dort wurden kleinere Adaptierungen und Modernisierungen vorgenommen. Nur der Schankraum wurde komplett umgestaltet und präsentiert sich heute als moderner Gastraum, sozusagen das „connecting link" zwischen alter Wirtshaustradition und modernem Gasthaus.

Robert Weigl vor seinem „Alt Sievering"

Auch nach der Modernisierungen ein klassisches Wirtshaus

Der einmalige Charakter des alten Wirtshauses hat darunter nicht gelitten. In dem nach außen hin recht klein wirkenden Haus hat überraschend viel Wirtshaus Platz: die alte, mit viel altem Holz ausgeführte Stube, das Herzstück des Alt Sievering, der holzgetäfelte Saal, der Wintergarten, mit hellem Holz ausgestaltet, und die Gastgärten, die da wären: der Schanigarten zur Sieveringer Straße, der „Mittelgarten" im Innenhof und schließlich der Gastgarten im Schatten alter Bäume. Mit seinen unterschiedlichen Gasträumen und dem großen Gastgarten ist das Alt Sievering ideal für Feierlichkeiten jeder Art. Im Alt Sievering gibt es den köstlichen Alt Sieveringer Suppentopf, alle Klassiker der Wiener Wirtshausküche, daneben Hausschnitzel, gefülltes Schnitzel, Wiener Schweinsschnitzel von der „Schale" und einen eindeutigen „Pfannenschwerpunkt": Haus-Pfandl, ungarisches Pfandl, Teufels-Pfandl, Blunzen-Pfandl, Holzhacker-Pfandl, Leber-Pfandl und als Alternative vegetarische Gerichte wie Käse- und Lauchspätzle, Spinatnockerl oder Gemüsepfanne. Die Ingredienzien dazu stammen aus heimischen Betrieben. Die Nachspeisen sind alle selbstgemacht, der Topfen- und der Apfelstrudel eine beliebte Jause.

Die Weine kommen aus der Steiermark und Niederösterreich, für Bierfreunde gibt es Murauer oder Budweiser, naturtrüber Apfelsaft und Traubensäfte ergänzen das Getränkeangebot.

Hier legt man ganz offensichtlich besonderen Wert auf traditionelle Beislkultur, und da sich die Gäste sehr wohl fühlen, erfreut sich das Gasthaus Alt Sievering größter Beliebtheit.

Häuserl am Stoan

1190 Wien, Zierleitengasse 42a (Zufahrt Höhenstr.), Tel. 01/440 13 77
www.amstoan.com, Donnerstag bis Sonntag 11 bis 23 Uhr

Gastgarten für 150, Wintergarten für 50 Personen

Erste Pläne zum Bau einer Höhenstraße wurden schon zu Beginn des 20. Jahrhunderts im Zuge der Schaffung des Wald- und Wiesengürtels gefasst. 1904 wurde in einem entsprechenden Erlass festgelegt, dass „... auch auf die Anlage einer aussichtsreichen, mit Baumreihen versehenen Hochstraße Bedacht zu nehmen" ist, die von den Wienerwaldhöhen Aussicht auf die Stadt Wien bieten sollte. Die Pläne dazu wurden 1905 vom Wiener Gemeinderat beschlossen. 1907 erwarb die Stadt das schlechtgehende Hotel Schloss Cobenzl und baute eine von Grinzing ausgehende „staubfreie Automobilstraße" mit Serpentinen am Cobenzl für „Automobiltouristen". Lange Zeit war dies das einzige Teilstück der Höhenstraße, das verwirklicht wurde. Erst in den Dreißigerjahren kam das Projekt wieder in Schwung, als im Zuge der Massenarbeitslosigkeit Arbeitsdienste für den Bau der Straße eingesetzt wurden. 1935 wurde die Höhenstraße eröffnet. Zu der Zeit war das „Häuserl am Stoan" schon ein beliebtes Ausflugsziel und eine wich-

Die heimelige Gaststube

tige Labestation für die Wanderer im Wienerwald. Die Entstehung des „Häuserl am Stoan“ wird vom heutigen Betreiber prägnant zusammengefasst: 1923 gründeten seine Großeltern an diesem Standort einen kleinen Imbissstand für Ausflügler und Wanderer. Aufgrund seiner einmaligen Aussicht auf die Stadt wurde das Lokal in kurzer Zeit sehr beliebt und bald eine Erweiterung notwendig. Der Um- und Zubau gestaltete sich aufgrund des steinigen Untergrundes aber recht schwierig, und so bekam das neue Lokal schlichtweg und zur Erinnerung für spätere Generationen den sprechenden Namen „Häuserl am Stoan“. Wäre der Untergrund Lehm gewesen, wer weiß, vielleicht hieße das Gasthaus jetzt „Häuserl in der Lettn“.

Seit vielen Jahren ein Familienbetrieb

Heute wirken noch viele Bereiche im Häuserl am Stoan so, als wäre die Zeit stehengeblieben. Die Gaststube mit dem großen Holzofen lässt das Lokal noch immer wie eine gemütliche Berghütte wirken. Unzählige Zeugen einer großen, breit gestreuten und schon lange währenden Sammelleidenschaft bevölkern die Wände des Lokals. Vor dem Gasthaus findet sich eine Sammlung unterschiedlicher Baugeräte und -hilfsmittel, die immer wieder im und um das „Häuserl“ eingesetzt werden, und irgendwo steht auch ein Boot. Wohl für den schlimmen Fall, dass die Sintflut sich bis in den Wienerwald erhebt. Besonders schön ist der Gastgarten mit der spektakulären Aussicht auf die Wienerstadt. Vor dem Gastgarten ist das Holz, das im Winter in der Stube verheizt wird, sauber aufgeschlichtet und verhindert so, dass unvorsichtige Gäste den Abhang hinunter Richtung Donau kugeln.

Dass das Häuserl am Stoan schon lange kein Imbisstand mehr ist, beweist die umfangreiche Karte, die Schweinsbraten, Bauernschmaus, Geselchtes mit Kraut und Knödel, Schnitzel in allen Variationen, Fisch und Wild nach Saison und als Spezialität verschiedene gebackene Käse bietet, dazu eine große Auswahl an hausgemachten Mehlspeisen. Ein besonderes Service für die kleinsten Besucher ist die Kinderkarte, die Kinderwiener, Kinderschweinsbraten, Kinderfisch und Grillwürstel zur Auswahl hat, mit ein Grund dafür, dass sich Kinder hier besonders wohlfühlen.

Ein mächtiges Gasthaus, toll renoviert

Pfarrwirt

1190 Wien, Pfarrplatz 5, Tel. 01/370 73 73, www.pfarrplatz.at

täglich 12 bis 24 Uhr

CC | Gastgarten für 120 Personen

Das ist ja mal ein Wirtshaus, ein mächtiges und schönes, da kann man gut und gerne die Freunde von nah und fern herbringen, um zu zeigen, wie man das Thema Wirtshaus und einmalige Heurigenumgebung und einer der besten Plätze der Wienerwelt auf einen sehr schönen, gelungenen Nenner bringen kann.

Natürlich ist da viel, sehr viel Geld investiert worden, und das war gut so, was soll man denn sonst damit machen? Einpacken und auf den Mars schicken, sich eine Yacht oder zwei Yachten kaufen? Eine einfache Theorie zum Geldkreislauf besagt: „Das Geld kommt aus der Wirtschaft und es in will in die Wirtschaft", manches Mal will es auch in eine Gastwirtschaft. Meist will das Geld ja nur in die Gastwirtschaft, um sich dort gegen Wein und Bier eintauschen zu lassen. Hin und wieder will es aber auch in die Wirtschaft, um die richtigen und idealen Bedingungen für diesen Tauschhandel schaffen zu können.

Am Pfarrplatz ist das sehr gut und beeindruckend gelungen. Hier stimmt alles, und man fühlt sich auch sehr wohl im herrlichen Gastgarten oder in den toll adaptierten Wirtsräumen. Platz ist genug dafür, drinnen wie draußen.

Dann natürlich der feine Wein und das Essen sowieso, kein Beisl, aber ein tolles Gasthaus.

Die ältesten Teile des Gebäudes reichen zurück bis ins 12. Jahrhundert, seit damals blickt das Haus von einem Hügel auf die Donau. Trotz zahlreicher Umbauten im Laufe der Jahrhunderte sind noch

Die Holzveranda, heute ein beliebter Gastraum

heute viele Spuren der mittelalterlichen Bausubstanz erhalten. Im 17. Jahrhundert wurde der einstöckige Berghof zu einem Barockhaus umgebaut. Zur „Pflege der Wiener Kaffeehauskultur" wurde 1872 die große Holzveranda angebaut und 1904 auf ihre heutige Größe erweitert.

Der Pfarrwirt ist aber trotz dieser einmaligen Architektur- und Baugeschichte kein „Museum", sondern ein funktionierendes, lebendiges und sehr heutiges Wirtshaus. Das wird auch mit der beeindruckenden Auswahl moderner Kunst in den Räumen des Pfarrwirts dokumentiert, mit Bildern, Wandteppichen und Skulpturen von Viktor Lederer, Ida Buchmann oder Tone Fink. Ein ganz außerordentliches Kunstobjekt im Pfarrhof ist das „Fallenbild" von Daniel Spoerri im Eingangsbereich vis-à-vis von der Schank. Wer fühlt sich nicht geehrt und inspiriert, in unmittelbarer Umgebung eines Objektes des großartigen Begründers der „Eat Art" zu essen und zu trinken, man muss ja nicht gleich selbst die Überbleibsel des Mahles am Tisch festkleben.

Der Wein stammt vom historischen Weingut Mayer am Pfarrplatz, in dem seit 1683 Wein gekeltert wird, und vom jungen Weingut „Rotes Haus", beides enge „Verwandte" des Pfarrwirtes.

Die Küche ist dem Ambiente und den Gästen entsprechend vorwiegend traditionell und bietet alle Wiener Klassiker mit zeitgemäßen Erweiterungen und unterschiedlichen Spezialitätenschwerpunkten. Vom Kalbsbutterschnitzel bis zum ausgelösten Backhenderl, vom gekochten Tafelspitz bis zum Wiener Schnitzel ist alles vertreten, ergänzt von Fischfilet, Wiener Krautfleckerl und Kärntner Kasnudeln.

Billig ist der Pfarrwirt nicht, das hat aber eh niemand angenommen in der Umgebung, Reservierung ist trotzdem empfehlenswert. Ach ja, und Ludwig van Beethoven war auch schon Gast und hat es sehr genossen, damals.

Gasthof Zum Renner

1190 Wien, Nußdorfer Platz 4, Tel. 01/378 58 58, www.zum-renner.at

Montag bis Samstag 10 bis 22 Uhr

Mittagsmenü | Gastgarten im Innenhof für 250 Personen

Seit vielen Jahren ist das Gasthaus Renner für ein paar wenige Dinge stadtbekannt: hervorragende Qualität, große Portionen, herrliches Ambiente und klassische Einrichtung. So einfach kann das sein. Natürlich ist es in Wirklichkeit nicht einfach, denn hier steckt jahrzehntelange Erfahrung und die Hingabe in die Herausforderung, ein Wirtshaus nach eigenen, sehr hoch stehenden Qualitätskriterien zu gestalten und zu führen.

Frau Liesl's Tipp
Nieren vor der Zubereitung ein bis zwei Stunden in Milch einlegen.

Im Renner wird die Wiener Rindfleischkultur auf höchster Stufe gepflegt: Alt-Wiener Tellerfleisch, Ochsenschlepp, Rieddeckel, Brustkern, dicke Schulter, Weißes Scherzel und wie die Wiener Rinderteile alle heißen. Die Größe der Portionen ist legendär, und was hier in Pfannen, Töpfen und Tellern aufgetragen wird, stellt tatsächlich eine gewisse Herausforderung an den Gast dar. Selbst die Weißwürste schwimmen zu dritt in einem gusseisernen Töpfchen an den Tisch.

Die hauseigene Fleischerei, in der zerlegt, gereift und zugeschnitten wird, ist der wichtigste Garant und Teil des Geheimnisses der hervorragenden Küche.

Wo die Rindfleischküche ihre Hochblüte erlebt

Zwei Generationen: Vater und Tochter Renner

Dementsprechend findet sich im Schankraum auch ein passender Sinnspruch: „Besser zu viel essen, als zu wenig trinken". Aber die Gefahr, zu wenig zu trinken, besteht im Renner ohnedies nicht. Entweder begleitet ein herrliches kühles Bier der Klosterbrauerei Andechs die großen Portionen auf dem Weg ihrer Bestimmung oder das eine oder andere Glas Wein aus der beeindruckenden Weinkarte.

Kredenzt werden diese Herrlichkeiten des Renner im Schankraum, im Kaminstüberl, im wunderschönen großen Garten unter alten Bäumen, in einer Art Salettl oder im großen Saal. In allen Räumen unterstützt eine gediegen-rustikale Einrichtung den Gast bei der Konzentration auf seine wahre Aufgabe: sich mit viel Ruhe und Entspannung der feinsten Alt-Wiener Gastlichkeit hinzugeben, mit der Gewissheit, dass hier nie an etwas Mangel herrschen wird.

Der Renner stellt am Nußdorfer Platzl, sozusagen am Eingang zum sagenumwobenen Märchenland, wo Wein, Schmalzbrot, Fröhlichkeit und Heurigenlieder ihre international bekannte Heimstatt haben, die kulinarische Übergangsstufe von der hohen Wiener Rindfleisch- und Wirtshausküche zum ephemeren Heurigenbuffet dar. Ein seltenes kulinarisches Phänomen.

Noch mehr lohnende Ziele in Währing und Döbling:

Gaststätte Zum gemütlichen Weinhauser

1180 Wien, Gentzgasse 125
Tel. 01/479 12 05
Mo, Do–So 9–23 Uhr
Mittagsmenü | Schanigarten für 100 Personen

Gasthaus mit großer Schank, funktionellem Gastraum und geradliniger Alt-Wiener Küche.

Zum Wirt

1180 Wien, Theresiengasse 43 (Ecke Antonigasse)
Tel. 01/405 01 52, www.zumwirt.at
Mo–Fr 11–24, So, Fei 16–24 Uhr
Mittagsmenü | CC | Schanigarten für 45 Personen

Nettes Eckwirtshaus mit gemütlicher Beislatmosphäre. Am Küchenprogramm stehen erweiterte Wiener Küche und saisonale Gerichte.

Bajones

1190 Wien, Billrothstraße 79
Tel. 01/320 56 12
Mo–Fr 9–23, Sa 9–14.30 Uhr
Menü | Garten für 35 Personen

Gutes, einfaches Wirtshaus vis-à-vis vom Strauß-Lanner-Park.

Gasthaus Furtner

1190 Wien, Döblinger Hauptstraße 23, Tel. 01/368 55 84
Mo–Do 10–22, Fr 10–17 Uhr
Mittagsmenü | Schanigarten für 14 Personen

Gstandenes Wirtshaus mit Hausmannskost, Eigenbauweinen und großem Stammgastaufkommen.

Grüass di a Gott-Wirt

1190 Wien, Sieveringer Straße 236 (Rohrerwiese, Kreuzung Höhenstr.)
Tel. 0664/554 35 97, www.gdagw.com, Di–So, Fei 11–20 Uhr
Waldgarten für 350 Personen

Wienerwaldlokal, das besonders in der warmen Jahreszeit gerne frequentiert wird. Aber auch im Winter ist man hier bei bodenständiger Küche gut aufgehoben. Zur passenden Jahreszeit gibt es auch Gansln oder Wildgerichte und im Sommer wird tagweise gern der Holzkohlengrill in Betrieb genommen.

Zum Schwammerl

1190 Wien, Silbergasse 21
Tel. 01/320 66 35
www.zum-schwammerl.at
Mo–Fr 9–23 Uhr
Tagesteller | Gastgarten für 45 Personen

Die wohlsortierte Karte enthält Klassiker der Wiener Küche, gute alte Hausmannskost und natürlich auch Schwammerlspezialitäten.

Brigittenau und Floridsdorf

Leopoldstadt und Brigittenau bilden gemeinsam die Insel zwischen Donaustrom und Donaukanal, wobei die Brigittenau der etwas unbekanntere Teil ist. Die zahlreichen Gemeindebauten und alten Industrieanlagen, das Donauufer und die Bahnlinie und vor allem das undurchdringliche Areal des Nordwestbahnhofs bestimmen das Image der Brigittenau und das Vorurteil von der Unattraktivität des Bezirks mit geringem touristischem Wert. Dabei gibt es einige gastronomische Highlights und mit dem Gasthaus Kopp ein Wirtshaus, um das ganze Landstriche nicht nur im Ausland die Brigittenau beneiden würden, wenn sie es nur kennten.

Floridsdorf hat es in der Wahrnehmung der „Restwiener" oft ähnlich schwer wie die benachbarte Donaustadt, nur dass Letztere als „modernes Wien", Floridsdorf hingegen als der Arbeiterbezirk „Fluridsdurf" mit Großfeldsiedlung und ähnlichen architektonischen Großtaten der 1970er-Jahre in den Köpfen präsent ist. Floridsdorf ist natürlich anders und vor allem auch mehr. Neben seinen Kellergassen und Heurigenbetrieben laden auch klassische Wiener Wirtshäuser zur Entdeckung ein, allen voran das stadtbekannte Strandgasthaus Birner.

Brigittenauer Stadl

1200 Wien, Griegstraße 1–3, Tel. 01/374 92 02
www.brigittenauerstadl.at, täglich 10 bis 23 Uhr
Mittagsmenü | Gastgarten für 300 Personen

Eigentlich ist ein Stadl ja eher eine ländliche Architekturform, sie beherbergt Traktoren, Werkzeuge, Heuballen und andere Notwendigkeiten agrarischer Tätigkeit. Nicht so der Brigittenauer Stadl, der außer der Größe nichts mit einem Bauernstadl im ursprünglichen Sinn gemein hat. Vielleicht noch der große überdachte Grillplatz – einem Altar nicht unähnlich – im teilweise überdachten Gastgarten, der selbst schon wie ein kleiner Stadl wirkt.

Frau Liesl's Tipp
Gulasch: Bei der Zubereitung niemals roten Zwiebel verwenden!

Ansonsten hat der Brigittenauer Stadl von außen eher die Anmutung eines Freibades oder Kindergartens. Das liegt wohl an dem großen Logo an der Eingangsfront. Ganz leicht zu finden ist der Brigittenauer Stadl aber trotz seiner Größe nicht. Er ist nämlich dort, wo der 20. Bezirk, und mit ihm die Welt, ganz einfach zu enden scheinen. Dort, wo urplötzlich die in mancher Hinsicht interessante Theorie, die Welt wäre eine Scheibe, sich zu bewahrheiten scheint, hat sich der Brigittenauer Stadl einem Bollwerk gleich aus der Erde erhoben, um jenen einen prächtigen und veritablen Schutzwall zu bieten, die

Ordnung ist das halbe Leben

Im Garten Platz für 300 Gäste

sonst Gefahr liefen, ganz einfach über den Rand der Brigittenau in die unendlichen Weiten des Weltalls zu kippen.

Dort, wo Gemeindebauten in einer schier unfassbaren Dichte und Gestalt stehen, dort, wo Gemeindebauten aus unterschiedlichen Stil- und Politikepochen einen ganz eigenartigen Charme verströmen, dort, wo dereinst das größte Gemeindebaufreiluftmuseum der Welt eingerichtet werden wird, dort ist schon heute der Brigittenauer Stadl die Kantine dazu. Tatsächlich liegt er aber nicht am Ende der Welt, sondern nur an einem speziellen Ende von Wien und dort am Ende der Straße, was den Vorteil hat, dass der motorisierte Besucher hier meist auch einen Parkplatz findet.

Mit Bier und Spritzwein werden im Brigittenauer Stadl Grillspezialitäten, Chicken-Wings, gegrillte Garnelen und die ganze Palette der Hausmannskost hinuntergespült, dass es nur so eine Freude ist, und auch der Gastgarten, der 300 Gästen Platz bietet, ist ein Symbol für die Großzügigkeit des Brigittenauer Stadls. Ist Jahreszeit und Witterung nicht mehr gartentauglich, bietet der Bigittenauer Stadl auch indoor reichlich Platz für seine Gäste. Und hin und wieder wird auch Livemusik geboten, zum Beispiel mit Martin Locher.

Gasthaus Kopp

1200 Wien, Donaueschingenstraße 28, Tel. 01/330 43 92
www.gasthaus-kopp.at, Montag und Sonntag 6 bis 24,
Dienstag 6 bis 16, Mittwoch bis Samstag 6 bis 1 Uhr

Menü | Schanigarten für 50 Personen

Die Bezeichnung „weltberühmt in Wien“ ist üblicherweise nicht ausschließlich wohlmeinend in Verwendung. Spricht man aber vom weltberühmten Gasthaus Kopp, so ist das immer respektvoll und sehr ernst gemeint, egal, ob das Kopp nun einem Kritiker von Zagat in New York oder Time Out in London ein Begriff ist oder nicht.

Das Gasthaus Kopp ist und bleibt eine bedeutende Brigittenauer Institution und ist als solche weit über die Grenzen des Bezirks hinaus bekannt, vereint es doch Qualität, Quantität und Ambiente in einzigartiger Weise. Grundsätzlich wäre zwar ein Gasthaus Kopp ohne Brigittenau, wenn auch nicht ohne seine Stammgäste, denkbar – wie oft befindet man sich doch im Wirtshaus außerhalb von Zeit und Raum –, eine Brigittenau ohne Gasthaus Kopp ist aber schlicht nicht möglich.

Das Kopp ist nach wie vor wohl eines der beliebtesten Gasthäuser der Welt, und das sieht man ihm auch an. An allen Ecken und Enden zeigt die ehemalige Schönheit Abnützungserscheinungen, die alten Paneele wurden vor langer, langer Zeit irgendwann im letzten Jahrtausend durch neue in „Fundergelb“ überdeckt – die sind mittlerweile

Im Schanigarten vor dem beliebtesten Wirtshaus der Brigittenau

Das Kopp: ein Wirtshaus wie kein zweites

wieder die alten Paneele –, und auch sonst wurden im Kopp unterschiedlichste gestalterische und ausstattungsmäßige Eingriffe vorgenommen, und ein lustiges Sammelsurium von höchst verschiedenartigen, den Wirtshausalltag begleitenden Gegenständen schmückt die Räume. Das Kopp hat dies alles mit großer Würde und Ruhe überstanden und stellt seine Patina stolz zur Schau.

Trotz der Größe des Lokals ist das Kopp aber eigentlich immer voll, und auch der im Sommer geöffnete Schanigarten bietet nur ein wenig Erleichterung für den Gästeandrang, denn dann kommen einfach noch mehr Leute zum Kopp. Als Reaktion darauf wurde in dem nebenan liegenden Lokal die „Schwemme" eingerichtet, die ist aber nur für Hardcore-Koppfreunde geeignet. Hier gibt es zwar alles, was es beim original Kopp auch gibt, aber die Atmosphäre lässt sich eben nicht einfach auf ein anderes Lokal übertragen. Selbst für die Schöpfer des Kopp-Mythos ist es offensichtlich nicht so leicht, das Phänomen Kopp zu kopieren und zu transformieren, und das ist auch irgendwie tröstlich. Selbst wenn man im Kopp, im Schanigarten oder in der Schwemme keinen Platz mehr findet, besteht noch immer kein Grund zur Verzweiflung, denn das Gasthaus Kopp hat fast durchgehend geöffnet. Früher oder später bekommt hier jeder vielleicht nicht das, was er verdient, aber sicher einen Platz – und das, was er bestellt.

Ein altes Wirtshaus, neu belebt

Gastwirtschaft zum Nussgartl

1200 Wien, Vorgartenstraße 80, Tel. 01/332 51 25, www.nussgartl.at
Montag bis Samstag 9 bis 23, Feiertag 9 bis 16 Uhr
Menü | Gastgarten für 60 Personen

Die Vorgartenstraße ist derart oft unterbrochen, dass es Ortsunkundigen mitunter schwerfällt, hier auf Anhieb eine Adresse zu finden, es sei denn, man ist Berufskraftfahrer, Bierkutscher, städtischer Kartograf oder intuitiver Beislgänger – die finden ihre „favorits" ohnehin immer und überall.

Um der besseren Orientierung willen müsste die Vorgartenstraße eigentlich alle paar hundert Meter einen anderen Namen tragen oder – kundenfreundlich – zum Beispiel zumindest in obere, mittlere und untere oder vordere und hintere Vorgartenstraße oder so ähnlich eingeteilt werden. Ist natürlich nicht der Fall, deshalb hier ein Hinweis: Das Gasthaus „Nussgartl" befindet sich in dem Teil der Vorgartenstraße, den man die obere Vorgartenstraße nennen könnte. Wesentlich einfacher, als eine Adresse in der Vorgartenstraße zu finden, ist es, das Rästel um ihren Namen zu lösen. Das ist nämlich kein Rätsel, denn die Vorgartenstraße heißt so, weil sie eine Straße mit Vorgarten ist oder besser war. Sie ist „seit 1903 so benannt, da sich vor jedem Haus ein ‚Vorgarten' befand, was 1893 in der Bauordnung festgelegt wurde", so weit das „Lexikon der Wiener Straßennamen".

Interessanterweise werden Vorgärten – die in Wien so seltenen, nach vorne gewendeten Grünflächen – hier oft als beinahe berlinerisch anmutend apostrophiert. In einem dieser Vorgärten befindet sich auf jeden Fall der Gastgarten des Gasthauses Nussgartl, mit den namensgebenden prächtigen Schattenspendern bestanden.

Das Nussgartl ist ein schönes, altes, wiederentdecktes Gasthaus, von Vorgängerübermalungen, -gestaltungen und -veränderungen weitestgehend befreit und, soweit es ging, „zurückempfunden". Der heutige Steinboden und die in Ziegel ausgeführte Schank sind wohl Zeugnisse früheren Gestaltungswillens.

Aber wer weiß, wie das Lokal ausgesehen hat, bevor die heutigen engagierten Betreiber mit dem Beislbesen durchgegangen sind und das heutige Wirtshaus daraus gemacht haben.

Klassisch, wie das Gasthaus nun wieder ist, ist auch das Angebot, das bei einer herrlichen Leberknödelsuppe mit mächtigem Leberknödel darin beginnt und neben den Traditionalisten der Hausmannskost zu den hauseigenen Klassikern führt, wie ausgelöstes Backhendl, Fledermaus vom Tullnerfeldschwein, Riesling-Kalbsrahm-Beuschel, Beislkörberl „Nussgartl", Hausschmankerl gebackene Fledermaus, Backhendl und Leber gebacken. Alles in allem auf jeden Fall mehr als die zu erwartende „Wirtshausküche" eines Beisls.

Dazu werden feine Weine – Sieger und Empfehlungen – ausgeschenkt, etwa von Setzer oder Hofbauer Schmidt aus Hohenwarth oder ein Tscheppe und etliche andere.

Der Sims über der Lamperie im Speiseraum, verziert mit einem Heer leerer Flaschen, belegt eindrücklich, dass hier auch Wein getrunken, nicht nur angeboten wird. Dass auch Bier in ordentlicher Qualität gezapft wird, belegen weitere Urkunden. Große Kreidetafeln mit dem aktuellen Speisen- und Getränkeangebot und alte Bilder von ehemaligen Vorgängerbetrieben ergänzen das Ambiente und runden das Bild des sympathischen Wirtshauses ab.

Schattenspendende Nussbäume im Gastgarten

Seit langem ein Traditionswirtshaus

Strandgasthaus Birner

1210 Wien, An der oberen Alten Donau 47, Tel. 01/271 53 36

www.gasthausbirner.at, täglich 9 bis 23.30 Uhr, im Winter bis 22 Uhr

Mittagsmenü | Gastgarten für 100, zwei Terrassen für je 60 Personen an der Alten Donau

Ein Strandgasthaus stellt man sich gemeinhin anders vor. Der Birner bietet nämlich keinen eigenen Strand, dafür aber eine nette Aussicht auf den Strand des vis-à-vis gelegenen Angelibades und den Birnersteig, der über die Alte Donau dorthin führt. Das heutige Angelibad war einst Teil der Birner'schen Unternehmungen, und die haben eine lange Geschichte. Sechzig Schiffsmühlen bestanden in Wien bis zur Donauregulierung 1870 bis 1975, die die Donau zu dem machte, was wir heute Donau nennen, und Teile des ehemaligen Donaustromes zur Alten Donau. Eine dieser Schiffsmühlen wurde von der Familie Birner betrieben, die nach dem „Abgraben" des Mühlantriebs eine neue Einkunftsquelle suchen musste. Offensichtlich recht geschäftstüchtig, wurde ein Gasthaus und eine „Lustschiffahrt" eingerichtet sowie die Überfuhr auf den Bruckhaufen betrieben, ab 1888 kamen die Badeanstalt „Vier-Kreuzer Bad" und ab 1896 das noblere „Zehn-Kreuzer Bad" dazu. Das „Vier-Kreuzer Bad" wurde ab 1920 ein Städtisches Bad und ist das heutige Angelibad, das „Zehn-Kreuzer Bad" wurde 1972 aufgelöst, und die „Lustschiffahrt" existiert so leider auch nicht mehr, obwohl man sich darunter einen vergnüglichen Zeitvertreib vorstellen könnte. Das Strandgasthaus Birner aber hat alle Wandel der Zeiten überstanden, und das ist gut so. Man sieht dem Birner an, dass es eine lange Tradition und Geschichte hat. Der wunderschöne Gastgarten, der in drei Terrassenstufen bis an das Ufer der

Die gemütliche Gaststube mit Kachelofen

Alten Donau heranführt, bietet unter wildem Wein und im Schatten alter Bäume im Sommer einen herrlichen Ruhepol. Die Gartenschank wirkt, als hätten sich hier schon die Lustschifffahrer auf ihre kleine Reise vorbereitet und das eine oder andere Achtel zur Vorbereitung verkostet.

Noch immer trennt die inzwischen etwas verkehrsberuhigte Straße An der oberen alten Donau den Gastgarten vom eigentlichen Gasthaus und verlangt den Kellnern viel Vorsicht und Umsicht beim Servieren ab. Das ist wohl auch ein Grund dafür, weshalb das Mittagsmenü nur im Wirtshaus, nicht aber im Gastgarten serviert wird. Gutes Personal ist selten und Autos sind schnell. Es soll schon Gäste gegeben haben, die ihre Bestellungen mit einem leutseligen „Hals und Beinbruch" an den Kellner brachten.

Das Wirtshaus selbst ist wie der Gastgarten groß und bietet mit dem länglichen Schankraum, einem großen Speisesaal und zwei weiteren Räumen Platz für zahlreiche Gäste. Die Tische sind mit freundlich zurückhaltend rot-weiß karierten Tischdecken gedeckt, und von der Decke grüßen nette Esszimmerlampen. Die Speisekarte bietet Wiener Küche, Schweinsbraten, Schweinsbrüstl, Kaiserfleisch, Bauernschmaus, Innereien, ungarisches Gulasch und in der Lage natürlich auch Fisch, zum Beispiel die größte Scholle Pariser Art dies- und jenseits des Äquators, daneben die berühmte Fischbeuschelsuppe, Fogosch, Karpfen serbisch und gebacken, Forelle blau usw., und zum Nachtisch die hausgemachte Torte.

Seit 2007 gibt es in Birner's Eisdiele, an der Rückseite der Gartenschank eingerichtet, original italienisches Eis. Die Geschäftstüchtigkeit der Vorfahren hat sich offensichtlich auf die Nachfahren übertragen.

Gasthaus Neuer

1210 Wien, Ferdinand-Kaufmann-Platz 2, Tel. 01/263 23 17
www.gasthaus-neuer.at, Montag, Dienstag, Freitag und Samstag
11 bis 21, Sonntag 9 bis 20 Uhr, Mai bis August Montag bis Samstag
11 bis 22, Sonntag 9 bis 22 Uhr, Jänner geschlossen

Mittagsmenü | Gastgarten an der Alten Donau und Terrasse für 150 Pers.

Wo in Wien kann man schon mit dem eigenen Ruderboot ein Lokal aufsuchen. Dafür gibt es nur ganz wenige Gelegenheiten, und die meisten davon befinden sich naturgemäß an der Alten Donau. Aber nur wenige sind zu Wasser wie zu Lande so gut erreichbar wie das Gasthaus Neuer. Zu Lande erreicht man den Neuer zu Fuß, per Fahrrad, mit dem Auto und mit allen anderen landgebundenen Fortbewegungsmöglichkeiten. Ein besonderer Vorteil: Die U6-Station Neue Donau ist nicht weit.

Wer es seemännischer liebt, der hat ohnedies sein Privatboot beim Neuer eingestellt oder nimmt sich dort ein Mietboot, dreht einige Runden zwischen Schwänen und anderem Getier oder schwimmt ganz einfach an die Gestade des Neuer, bevor als Krönung des Ausflugstages das nette Ufergasthaus aufgesucht wird. Aber Schwimmer und Kleinbootfahrer, Vorsicht! Im Gewässer vor dem Neuer tummeln sich fast mannsgroße Karpfenfische, als wären sie Sumoringer auf Sommerfrische, reiben sich aneinander und schwimmen langsam und bedächtig wie kleine Unterwassertankschiffe umher. Wie die Su-

Neuers Uferterrasse

Der kleine, aber gemütliche Gastraum

moringer sind auch die Riesenkarpfen nicht zum Verzehr geeignet, d. h. in der Not würde natürlich der eine oder andere Sumokarpfen auf dem Griller am Eingang des Neuer landen, aber dafür besteht derzeit kein Bedarf und die trägen Riesen können weiterhin ihrem einfachen Vergnügen nachgehen und sinnfrei hin und her schwimmen, auf der Suche nach Nahrung oder vielleicht auch etwas Fischliebe, und sich dabei bewundern lassen.

Der große Gastgarten, eine schöne „Uferterrasse" und die unverbaute Aussicht auf die Alte Donau sind schon die ersten Vorteile des „Neuer". Von der Terrasse blickt man über die kleine, hauseigene „Hafenanlage" über die Alte Donau zum Restaurant und Bootsverleih Seepferdchen – wie viel interessanter wäre es, wenn hier tatsächlich Seepferdchen für den nassen Ritt über die Alte Donau ausgemietet werden könnten – bis zur vis-à-vis gelegenen Wirtshauslegende Birner.

Frau Liesl's Tipp

Lammfleisch sollte nur mit Knoblauch eingerieben werden. Es wird bedeutend wohlschmeckender. Niemals vor dem Braten salzen.

Ein weiterer Vorteil ist, dass es hier mitunter die in Wien selten gewordenen „Steckerlfische" gibt, daneben natürlich auch „normale" Fischspezialitäten, traditionelle Hausmannskost, faschierter Braten, Wiener Wurstsalat, Spareribs, zur Saison Wildspezialitäten, Spargel oder ein Martinigansl und jeden Dienstag Schweinsschnitzel, jeden Freitag Seelachs gebacken.

Das Gasthaus selbst ist im Vergleich zum Gastgarten recht klein. In einem an das Gasthaus anschließenden Raum ist die Kleine Galerie am Wasser untergebracht, wo Frau Eckelhart-Neuer, „Gastwirtin und Bootsvermieterin in Floridsdorf", Bilder ihrer botanischen Malerei – eine Art malerische Naturbeobachtung – präsentiert. Bootsvermietung, Kabanen, Umkleidekabinen und Anlegestelle komplettieren das Angebot an diesem idyllischen Ort.

Gasthaus Zum Neusiedler

1210 Wien, Prager Straße 2, Tel. 01/278 53 97, www.zumneusiedler.at

Montag bis Freitag 9 bis 23 Uhr

Mittagsmenü | Gastgarten für 50 Personen

Trägt ein Wirtshaus einen Ortsnamen, ist man sofort versucht, das Lokal in einen „lokalen" Zusammenhang mit der namensgebenden Stadt zu stellen. Von der Prager Straße in Rufweite des Floridsdorfer Spitzes ist es bis Neusiedl allerdings noch ein Stück, und vom Burgenland ist hier auch nicht viel zu sehen. Mag sein, dass das Lokal seinen Namen einem ehemaligen Wirt aus dem nämlichen Städtchen am Neusiedlersee verdankt, einem burgendländischen Stammgast oder einer anderen Begebenheit in der nun schon fast neunzigjährigen Geschichte des kleinen Gasthauses. Wer es genau wissen will, fragt einfach nach und bekommt ganz sicher immer eine treffende Antwort von einem der Stammgäste oder den Wirten. Die Antwort ist dann vielleicht nicht ganz richtig, aber sicher beisltypisch. Ein möglicher Erklärungsansatz ist, dass es sich bei Neusiedler um die ersten Ansiedler in Floridsdorf gehandelt hat und nicht um einen ausgewanderten Burgenländer. Eher unwahrscheinlich diese Erklärung, aber beisltypisch eben. Es kommt ja andererseits auch recht selten jemand auf die Idee, zum Beispiel im „Goldenen Löwen" nach dem Ursprung des lustigen Namens zu fragen.

Was das Gasthaus zum besonderen Beisl macht, sind Wirt und Gäste und vor allem auch die Einrichtung und Ausstattung des kleinen

Neusiedler: gut markiert im Stadtbild

Mahlzeit!

Lokals. Insgesamt ergibt das eine eigene Atmosphäre und das Ambiente, das man in einem Beisl sucht und finden möchte. Und wenn das alles zusammen als „besonderer Charme“ bezeichnet wird, dann ist das nicht falsch, aber auch nicht ganz richtig, hängt doch „besonderem Charme“ mitunter auch ein spezieller Hautgout an, wie der gewachsene Wiener weiß.

An der schmalen, hohen Schank des „Neusiedler“ werden verschiedene Bier gezapft, etwa Starobrno, Schwechater Hopfenperle und Gösser Zwickl, und einige feine Weine von namhaften Winzern ausgeschenkt, wie Weinwurm aus Dobermannsdorf, Brunthaler aus Mailberg, Dr. Gutschik aus Strebersdorf oder von Eichberger aus Eibesbrunn.

Neben dem Schankraum befindet sich ein kleines, nettes Extrazimmer, und durch ein schlauchartiges weiteres Extrazimmer kommt man in den kleinen Gastgarten. Das „Schlauchzimmer“ bietet auch Einblicke in die Küche des Lokals und schon fühlt man sich erinnert an die Eingangssituation der alten „La Posta“ in Montforte – was haben wir uns darüber gefreut, als wir direkt in die Pfannen und Töpfe schauen durften, vielleicht geht es ja heute einem der zahlreichen Gäste im Neusiedler ebenso. Nur kommen aus dieser Küche keine trüffelverfeinerten piemontesischen Gerichte, sondern Wiener Küche und „Beisl-Gerichte“ von ausgesuchter Qualität: natürlich Wiener Schnitzel vom Schwein und Kalb, Pariser Schnitzel, Knacker und Haussulz in Essig und Öl, Krenfleisch, Beinfleisch, Beuschel, Blunzenradl und selbstverständlich täglich ein Mittagsmenü. Weit weg vom Piemont, aber auch von Neusiedl.

Noch 6 Lokaltipps für die Brigittenau und für Floridsdorf:

Das Styria XX

1200 Wien, Rauscherstraße 5
Tel. 01/925 14 25
www.das-styriaxx.at
Di–Sa 8–23, So, Fei 10–15 Uhr
Mittagsmenü | CC | Schanigarten für 35 Personen

Ein Highlight in der gastronomisch eher zurückhaltenden Brigittenau. Gekocht wird steirisch und wienerisch.

Gasthaus Haller

1200 Wien, Wallensteinstraße 49
Tel. 01/332 25 76
www.gasthaus-haller.at
täglich 8–24 Uhr
Mittagsmenü | CC | Schanigarten für 30 Personen

Bodenständiges Gasthaus mit Hausmannskost und auch ungarische Spezialitäten.

WirtsStüberl

1200 Wien, Traunfelsgasse 1/
Ecke Klosterneuburger Straße 10a
Tel. 01/334 56 95
www.catering-mitschka.at
Mo–Fr 8–22 Uhr
Mittagsmenü | Schanigarten für 20 Personen

Ehemalige Klostermarie, von der Familie Mitschka übernommen und neu benannt. Die Küche bietet neben Wiener auch deftige Waldviertler Küche.

Gasthaus Popp

1210 Wien, Jedleseer Straße 112
Tel. 01/271 73 52
www.gasthauspopp.at
Mi–So 9–24 Uhr
Mittagsmenü | CC | Garten für 100 Personen

Große Karte mit allen *Traditionals* der Wiener Küche. Ab und zu gibt es auch Wienerlied-Abende.

Gasthaus Stotzek

1210 Wien, Krottenhofgasse 51
Tel. 01/292 41 55, www.stotzek.at
Mi–So 10–23 Uhr
Tagesteller | CC | Gastgarten für 200 Personen

Gasthaus und Weinbaubetrieb, was kann es Besseres geben. Geboten wird feine Hausmannskost, Schlachtessen, saisonale Spezialitäten und natürlich Weine aus Eigenbau.

Wirtshaus am Wasserpark

1210 Wien, Freytaggasse 1/14
Tel. 01/960 16 77
www.wirtshausamwasserpark.at
täglich 10–22 Uhr
Mittagsmenü | Gastgarten für 80 Personen unter alten Bäumen

Neuzugang in Floridsdorf: schön renoviertes Wirtshaus in einem schönen Gemeindebau. Geboten wird österreichische Küche und Hausmannskost zu fairen Preisen.

Donaustadt und Liesing

Noch immer gibt es Leute in der Wienerstadt, die ihren Fuß noch nie über die Donau nach Transdanubien, das heißt in die Donaustadt oder nach Floridsdorf, gesetzt haben. Dabei gibt es hier neben der UNO-City, der Donauplatte, dem Donauzentrum, modernem Wohnbau der 1990er-Jahre und gesichtslosen Satellitenstädten der 1960er- und 1970er-Jahre mit der Donauinsel die größte innerstädtische Erholungslandschaft Europas und mit dem Kaiserwasser, der Alten Donau und der Lobau großzügige Natur- und Erholungsräume. Wer glaubt, mit Copa Cagrana und Sunken City wäre das gastronomische Angebot in der Donaustadt erschöpft, irrt. Lokale wie Neu Brasilien, Selitsch oder der Goldene Hirsch belegen, dass hier das Wiener Wirtshaus eine lange Tradition hat.

Liesing, der 23. Wiener Gemeindebezirk ganz im Süden der Stadt, bietet sich an für Expeditionen unter dem Motto „Heimat, fremde Heimat". Wer, außer den eingeborenen Liesingern, vermag schon die acht Bezirksteile richtig zu benennen? In Liesing, wo die Stadt mit zahllosen Einfamilienhäusern zum Teil schon sehr deutlich in das Umland übergeht, kann sich Wien auch so ganz und gar unwienerisch präsentieren, etwa an der Triester Straße, die mit ihren zahllosen Autohändlern und Autozubehörläden wie die Ausfallstraße eines Vororts von Los Angeles wirkt. Die Lokale und Nachtclubs zählen mit zum Interessantesten, was die Stadt in puncto Vorortromantik zu bieten hat. Aber es gibt in Liesing auch noch einige echte Wirtshäuser.

Gasthof Goldener Hirsch

1220 Wien, Hirschstettner Straße 83, Tel. 01/282 83 27
www.goldener-hirsch-wien.at
Montag bis Samstag 9 bis 23, Sonn- und Feiertag 11 bis 15 Uhr
Mittagsmenü | Gastgarten für 90 Personen

Zahlreich sind die Tiere in der heimischen Gastronomie, nicht nur die in Topf und Pfanne, sondern auch die namensgebenden Tiere. Eines der in der Gastronomie am weitesten verbreiteten Tiere ist der Hirsch. Vor allem am Land gibt es beinahe in jedem Dorf zumindest einen Hirschen, sei er nun weiß, braun oder gülden.

Wie die Tiere aus Wald und Flur, mitunter auch solche aus fließendem und stehendem Gewässer, zu der Ehre kamen, so zahlreich als Namenspatron für die für den Menschen so wichtige Einrichtung des Wirtshauses herzuhalten, ist eine interessante Frage der Wirtshausforschung. Fast ebenso interessant wie die Frage, weshalb fast nur Wildtiere als Namenspatron Verwendung finden und selten domestizierte Tiere. Kaum wo findet sich ein Gasthaus mit dem klingenden Namen „Zum Gelben Hund" oder „Zur Grünen Kuh" und die einzigartige „fette Sau" gibt es nur in Brooklyn. Wer sich also fragt, was es mit dieser Namensgebung wohl auf sich hat, der findet eine mögliche Erklärung in Wien-Donaustadt. Dort nämlich, in Hirschstetten, steht ein großes und wichtiges Gasthaus, der Goldene Hirsch, und nicht wenige der Stammgäste schwören darauf, dass ihr Goldener Hirsch so-

Alles bestens vorbereitet im Speisesaal

Die Urmutter aller „Hirsch"-Lokale

zusagen die Mutter aller gastronomischen Hirsche sei. Eine aufgrund biologischer Voraussetzungen eher unwahrscheinliche Annahme. Andererseits: Woher sonst, wenn nicht aus Hirschstetten, sollten die zahllosen Wirtshaus-Hirsche stammen?

Hier hat der Hirsch auf jeden Fall zumindest die gleiche Berechtigung wie in einem Bergdorf, und er leiht seinen stolzen Namen einem sehr guten Gasthaus. Großzügig angelegt, mit reichlich Platz für Gelegenheiten und Anlässe jeder Art und einem schönen Gastgarten unter Kastanienbäumen ist das Gasthaus ein Fixstern in Hirschstetten, dem großen weißen Fleck auf der Landkarte vieler Wiener und Wienbenutzer.

Wer zufällig hierher gerät oder sich aufmacht, diesen Teil der Stadt für sich zu erforschen, findet im Goldenen Hirschen eine sichere Anlaufstelle, eine gute Versorgungsstation und ein typisches Wiener Gasthaus. Die Karte bietet gepflegte Hausmannskost und saisonale Spezialitäten. Im großen Saal finden regelmäßig Wienerlied- und Jazzabende, Kabarettvorstellungen und Tanzveranstaltungen statt. Zum Beispiel jeden ersten Freitag im Monat Tanzabend, jeden zweiten Mittwoch „Stammtisch der steirischen Harmonika" oder die „Fête rouge" der Hirschstettner SPÖ, ein Sommerfest mit Spanferkelessen oder ein Frühschoppen mit der Blasmusik der Eisenbahner. Damit wird der Goldene Hirsch auch seinem Bildungsauftrag gerecht, indem er den Hirschstettnern nicht nur kulinarische, sondern auch kulturelle Freuden bietet.

Neu Brasilien

1220 Wien, An der unteren Alten Donau 61, Tel. 01/203 12 92
www.neubrasilien.at, April bis Oktober täglich 11 bis 23 Uhr,
November bis Ende März Winterpause

Gastgarten am Wasser für 120, schwimmende Terrasse für 60 Personen

Neu Brasilien ist ein weiteres gastronomisches Highlight an der an gastronomischen Einrichtungen nicht armen Alten Donau. Das Besondere an den Wirtshäusern rund um die Alte Donau – egal, ob nun untere oder obere – ist, dass sie trotz aller anzunehmenden Ähnlichkeiten doch sehr unterschiedlich sind. Kein Lokal ist wie das andere, und deshalb ist auch keines wie das Neu Brasilien. Der Name Neu Brasilien geht auf Florian Berndl zurück, dessen Pachtvertrag für das Gänsehäufel aufgrund seiner freikörperkulturellen Aktivitäten 1904 nicht verlängert wurde. Florian Berndl pachtete daraufhin kurzerhand das dem Gänsehäufel gegenüberliegende Ufer der Alten Donau und vermietete kleine Gartenparzellen für den Aufenthalt in „Luft und Sonne". Das Ufer war damals – heute kaum vorstellbar – noch ein weißer Sandstrand, und so erhielt die Anlage den Namen „Brasilien in Wien", später erhielt die dahinterliegende Kleingartenanlage den Namen „Neu Brasilien". Berndl betrieb hier auch eine einfache Ausschank, die später zum Schutzhaus der Kleingartenanlage wurde.

Ein historisches Bild mit der Aufschrift „Gastwirtschaft Untermeier, 1918 zu Florian Berndls Zeiten" dokumentiert, dass das Gasthaus Neu Brasilien schon zu Zeiten des Freikörperpioniers ein wenig so aussah wie heute. Andere alte Aufnahmen zeigen fesche Kerle, die sich in ihren gewagten Schwimmanzügen mächtig in Positur werfen, davor ein kleines Heer von Köchen, Kellnern und vor allem Kellnerinnen, die irgendwie belustigt und interessiert aus dem Lokal auf die Gockel im Badeanzug – ihre Gäste – schauen. Zahlreiche weitere interessante historische Aufnahmen zeugen vom Leben an der Alten Donau. Unter diesen Bildern findet sich auch eine Aufnahme des Strandes von Coney Island von 1951, hin und wieder versucht ein Gast zu erkennen, wo auf dem Gänsehäufel diese Aufnahme gemacht wurde. Ein Bild, das tatsächlich von der Alten Donau stammt, zeigt den Unterwasserpionier Hans Hass, der an der Alten Donau seine ersten Tauchversuche unternahm.

In seinen Anfängen war das Neu Brasilien das Schutzhaus der Kleingartensiedlung Neu Brasilien. Heute ist es Schutzhaus und Einkehrort für Spaziergänger und Ausflügler und selbstverständlich noch immer *das Wirtshaus* für die zahlreichen Kleingärten der Umgebung.

Das eigentliche Wirtshaus und der schöne Gastgarten an der Alten Donau sind, fast wie beim Birner, durch ein „Verkehrsband" ge-

Der Gastgarten – mit Gastfloß – im Neu Brasilien

trennt, nur dass es hier keine Straße ist, sondern die Uferpromenade der Unteren Alten Donau. Trotzdem, auch hier müssen sich Servierkörper und Gäste hin und wieder vor wildgewordenen Radfahrern oder unterzuckerten Dauerläufern in Acht nehmen. Der mit alten Bäumen bestandene und mit ein paar Stufen zum Wasser hinabführende Gastgarten wurde vor einiger Zeit mit einem Floß erweitert, um den Gästen mehr Platz bieten zu können – sozusagen die neue „Playa Nuova Brasilia". Ein schöner Platz für eine Familienfeier oder idealer Beobachtungsposten für die zahlreichen „wassergebundenen" Aktivitäten auf der Alten Donau und das alljährliche „Lichterlfest".

Sollten Gastgarten und Gastfloß an den Ufern der Alten Donau überfüllt sein, was im Sommer ohne weiteres passieren kann, gibt es im Neu Brasilien noch einen weiteren Gastgarten auf der Höhe des Promenadenweges, umgeben von Kleingärten.

Überhaupt ist das Neu Brasilien ein Wirtshaus mit unterschiedlichen Niveaus, denn im Lokal selbst gibt es noch ein „Kellerstüberl", das aufs Erste so wirkt, als müsste es sich unterhalb des „Meeresspiegels" der Alten Donau befinden. Es ist dort aber erstaunlich geräumig und sehr trocken.

Die Küche bietet auf gutem Wirtshausniveau Wiener Küche und Hausmannskost, Schnitzel, Zwiebelrostbraten, Backfleisch, Kalbskopf und natürlich auch Fischspezialitäten, je nach Saison wird die Karte um die jeweiligen Spezialitäten erweitert.

Gut gewappnet für die Gästeschar

Vorstadtbeisl zum Selitsch

1220 Wien, Konstanziagasse 17, Tel. 01/282 32 73, www.selitsch.at
Dienstag, Donnerstag, Freitag 10 bis 22, Mittwoch, Sonntag 10 bis 15, Samstag 10 bis 24 Uhr, August Sommerpause
Mittagsmenü | Gastgarten für 60 Personen

Stadlau hat schon vor langer Zeit seinen ursprünglich dörflichen Charakter verloren und bietet dem Fremden heute wenig Sehenswertes und kaum kulturelle Highlights. Einzig der Stadlauer Kirtag, eine mitunter recht rustikale Veranstaltung, oder ein Besuch im SMZ Ost, ein eher nicht so unterhaltsamer Anlass, sind gelegentlich geeignet, Besucher aus anderen Bezirken Wiens und vielleicht auch den einen oder anderen Touristen nach Stadlau zu locken. Wäre da nicht noch die wahrscheinlich einzige wirkliche und dauerhafte Attraktivität in Stadlau: das Vorstadtbeisl zum Selitsch. Hier zeigt sich die ausgeprägte Gastfreundschaft der Stadlauer, denn die gehen offensichtlich sehr gerne und gemeinsam ins Wirtshaus. Heute vor allem zum Selitsch, früher auch ins Gasthaus Kainz, ein weiteres Stadlauer Traditionslokal, das aber schon vor Jahren zum Griechen mutierte. Aber auch den Griechen besuchen die Stadlauer in großer Zahl und Regelmäßigkeit, vielleicht zur Stützung des Euro.

Das Selitsch ist kein kleines Beisl, wie die selbstgewählte Bezeichnung „Vorstadtbeisl" vielleicht glauben machen könnte, sondern fast ein „Riesengasthaus" mit Schankraum, Speisesaal, Extrazimmer, Bauernstüberl, einem Gastgarten im Hof und einem großen Veranstaltungssaal in der „Heurigentenne".

Alt-Wiener Spezialitäten und regelmäßige Spezialitätenwoche vom Heringschmaus bis zum Martinigansl, vom Osterkitz bis zum Wildbret bestimmen die bekannt gute Küche im Selitsch. Schweinsbraten, Spanferkel, Schulterscherzel, Beiried gebacken und Zwiebelrostbraten stehen auf der Karte, ein „Schnitzeltag", vegetarische Gerichte und zahlreiche, übers Jahr verteilte Spezialitätenwochen ergänzen das Angebot. Die Portionen entsprechen der Größe des Lokals und stellen Gast und Gästin mitunter vor eine nicht immer leicht zu meisternde, aber stets wohlschmeckende Herausforderung.

Frau Liesl's Tipp

Gekochte Kartoffeln sehen appetitlicher aus, wenn man dem Kochwasser einen halben Teelöffel Zitronensaft beigibt.

Küche und die Portionen des Selitsch und mehr noch seine Atmosphäre sind ein Grund dafür, dass es hin und wieder recht schwer ist, hier einen Platz zu bekommen, wer nur schnell auf ein Mittagsmenü reinschaun möchte, muss manchmal eine kurze Wartezeit in Kauf nehmen, aber das lohnt sich dann allemal.

Seit vielen Jahren schon ist der Selitsch nicht nur das wichtigste Gasthaus in Stadlau und ein Ort der kontinuierlichen Stadlauer Gemütlich- und Urtümlichkeit, seit langem ist es auch ein weithin beliebter Austragungsort für Musikveranstaltungen volkstümlicher Art, etwa mit so klingenden Namen wie die „3 Stehaufmandln", die „Stoanis" oder die „Mürztaler Musikanten". Diese Veranstaltungen sind im Selitsch immer gut besucht, und es ist auf jeden Fall ratsam, dafür einen Platz zu reservieren.

Sogar im großen Speisesaal können Plätze knapp werden

Zur Sonnenuhr

1220 Wien, Langobardenstraße 33, Tel. 01/282 10 74
www.zursonnenuhr.at, Montag bis Freitag 8 bis 22,
Samstag, Sonn- und Feiertag 10 bis 21 Uhr
Mittagsmenü | Gastgarten für 70 Personen

„Für Essen, Trinken und Hamur / das Gasthaus sorgt Zur Sonnenuhr." Reim dich oder ich schüttle dich, wäre auch eine Möglichkeit gewesen, nun aber steht der etwas schwerfällige Sinnspruch über der Türe zum Gasthaus Zur Sonnenuhr in eine „funktionierende" Sonnenuhr eingeschrieben. Gibt es eigentlich auch Sonnenuhren, die nicht funktionieren, also außer bei Schlechtwetter oder Dunkelheit?

Das kleine Wirtshaus hat eine wunderbare, aus den Fünfzigern stammende Schank, wie man sie so nur mehr selten findet. Für das Achterl oder Seidl im Stehen befindet sich davor ein Stehtisch, und der ganze Schankraum hat eine sehr klassische Wirtshauseinrichtung, die auch hervorragend zu den Gästen passt. Die Gäste hier sind vor allem Stammgäste und untereinander bekannt. Die Schank, der Stehtisch und dann der Stammtisch und die übrigen Wirtshaustische bilden gemeinsam eine idealtypische Beisl-Kommunikations-Kombination. Sind die Gäste Stammgäste, sitzen sie an ihren – deshalb heißen sie so – angestammten Plätzen. Der eine oder andere Stammgast findet sich kurz am Stehtisch für ein schnelles Getränk ein, wo er vielleicht mit dem Wirt spricht. Kommt aber ein Fremder in so ein

Klassische Beisl-Sitzecke in der Sonnenuhr

Unter der Hispanola

Lokal, wirkt alles ein wenig wie in einem Film, vielleicht sogar wie in einem Western: Die Tür geht auf, herein kommt der Fremde und stellt sich an den Stehtisch. Der Wirt oder die Wirtin hinter der Schank taxiert ihn und nimmt seine Bestellung auf. Die Stammgäste schauen zur Schank, kennen den fremden Gast nicht und widmen sich wieder ihren Gesprächen, nun etwas lauter und vielleicht etwas auffordernd in Richtung fremder Gast. Der bleibt entweder still und freundlich bei seinem Getränk oder bringt sich, wenn ihm nach Beislunterhaltung ist, langsam in ein Thema ein. Das geht aber nicht direkt, sondern wird über die „Bande", in diesem Fall über die Person hinter der Schank, gespielt. Abhängig von den „kommunikativen Fähigkeiten" des Fremden entsteht daraus eine nette Schmähführerei, eine halb ernste Diskussion oder der Drang, das Lokal möglichst schnell wieder zu verlassen.

In der Sonnenuhr ist es noch ein wenig einfacher, mit dem Wirt oder den Gästen ins Gespräch zu kommen. Im hinteren Teil des Schankraumes hängt nämlich hinter Glas ein mächtiges Modell des Dreimasters Hispanola, der Legende nach das Schiff aus dem Roman „Die Schatzinsel" – oder war es doch „Robinson Crusoe"? Ein Riesending und eine tolle Bastelarbeit, wer das wohl gemacht hat, ob diese zahllosen Mußestunden auch die Sonnenuhr gezählt hat?

Direkt anschließend an den Schankraum ist dort, wo früher einmal ein Teil des Gastgartens war, ein etwas sehr roter „Wintergastgarten" angebaut worden, und dahinter befindet sich unter schattigen Bäumen ein kleiner, lauschiger Sommergastgarten. Die Sonnenuhr ist also auf alle Eventualitäten vorbereitet, und hin und wieder schaut auch „Heidi aus Orth, die Stimme aus dem Marchfeld" oder wer anderer vorbei und sorgt für Stimmung. Obwohl, Stimmung gibt es in der Sonnenuhr eigentlich auch ohne zusätzliche Gesangseinlagen. Klassische Beislstimmung in einem echten Beisl eben.

Gasthaus Geyer – Zum Mittelpunkt der Welt

1230 Wien, Erlaaer Straße 80, Tel. 01/869 90 85

www.gasthaus-geyer.at

Mittwoch bis Sonntag und Feiertag 10.30 bis 22 Uhr

Menü | Gastgarten für 70 Personen

Als das heutige Gasthaus Geyer um die letzte Jahrhundertwende des vorigen Jahrtausends gegründet wurde, erhielt es schon den schönen Namen „Zum Mittelpunkt der Welt“, damals allerdings einer noch recht unbewohnten Welt, einer Gegend, die noch nicht nach Wien eingemeindet war und der Ortsteil Alterlaa noch sehr am Ende der bekannten Welt lag. Trotzdem bildete es mit Tanzsaal, Kegelbahn und großem Gastgarten gleichermaßen für Eingeborene wie für Ausflügler sehr bald das Zentrum der „monde alterlaaien“. Auch das ein Erklärungsversuch für den poetischen Namen.

Heute ist der „Mittelpunkt der Welt“, umgeben von Gemeindebauten, Siedlungshäusern, Einfamilienhäusern und Gärtnereien, erst recht wieder zum Mittelpunkt geworden.

Der Liesinger „Mittelpunkt der Welt“ ist ein großes Gasthaus mit Schankraum, einem großen Speisesaal und einem schönen, alten Naturgarten im Schatten mächtiger Kastanienbäume.

Seit Generationen betreibt die Familie Geyer nun schon diesen wichtigen Außenposten der Wiener Gastronomie und sorgt dafür, dass auch hier die Tradition der Wiener Wirtshausküche hochgehalten wird, besonders hoch in diesem Fall. Die Qualität beginnt bei der

Sie haben ihren Stammtisch im Mittelpunkt der Welt

Der Speisesaal lädt ein

Auswahl der Lieferanten und geht gemeinsam mit der Ambition und Erfahrung des Wirtes eine heilige Allianz zugunsten der Gäste ein. Wo sonst sollte man in dieser immer noch etwas „remote“ gelegenen Umgebung sein Schnitzel, seinen Rostbraten oder die oft lebenswichtige Leberknödelsuppe und das ebenso notwendige Gulasch bekommen. Die täglich wechselnde Karte jedenfalls verspricht Hausmannskost und Schmankerln und hält das Versprechen auch immer ein. So verlässlich, dass hier die Gäste nicht nur aus Liesing kommen, sondern den mitunter weiten Weg aus allen Teilen Wiens in Kauf nehmen, auch um zumindest einmal im Leben bis zum Mittelpunkt der Welt vorgedrungen zu sein. Schön, dass sich in Wien ein Lokal der Aufgabe annimmt, sich um den oft eher wenig beachteten Mittelpunkt der Welt zu kümmern. Viel eher trifft man ja an den Stammtischen der Wiener Wirtshäuser auf zahlreiche und vielfältige – fast immer männliche – Mittelpunkte der Welt mit einem Bier in der Hand und Logorrhoe.

Treue Gäste und klassische Schank

Schwammerlwirt

1230 Wien, Speisinger Straße 224, Tel. 01/889 34 32
www.schwammerlwirt.at
Montag, Donnerstag bis Sonntag 10 bis 22 Uhr
Mittagsmenü | Gastgarten für 80 Personen

Der Schwammerlwirt hat eigentlich gleich drei ideale Bedingungen, die ihn für ein Gasthaus besonders prädestinieren. Erstens trägt er die österreichische Verniedlichungsform des – in diesem Fall genießbaren – sehr beliebten, kalorienarmen, eiweiß-, mineralstoff- und ballaststoffreichen Nahrungsmittels, das gerne in freier Natur wächst, im Namen. Zweitens ist er an der Speisinger Straße gelegen, was ja auch irgendwie nach Kulinarik klingt oder zumindest nach dem Versuch, das Verb „speisen" zu substantivieren. Nicht von ungefähr wird die Herkunft des Namens Speising auch immer wieder fälschlicherweise von dem im Ortswappen dargestellten Pelikan abgeleitet, der seine Jungen mit eigenem Blut „speist". Eine eigenwillige Deutung des ebenso eigenwilligen Wappens. Drittens wird der Schwammerlwirt seit vielen Jahren von der Familie Prost geführt, und bei „Prost" ist das Wirtshaus auch nicht mehr weit, da befindet man sich ja praktisch schon mittendrin. Prost, Schwammerlwirt! Das ist zwar die falsche Schreibweise, richtig heißt das Lokal „Prost's Schwammerlwirt", aber treffend. Der Name „Schwammerlwirt" stammt aus einer Zeit, als

Mauer noch Luftkurort für noble Sommergäste und eine beliebte Ausflugsdestination war. „Damals trafen sich die feinen Gäste mit den Ausflüglern und Schwammerlsuchern, um diesen ihre Schwammerln abzukaufen, beim Wirt. Die Gäste gaben dem Lokal deshalb kurzerhand den Namen Schwammerlwirt." So weit die schöne Erklärung für den Namen. Ob die feinen Herrschaften die Schwammerln mit nach Hause nahmen oder gleich beim Schwammerlwirt zu einem Eierschwammerlgulasch oder einem anderen Pilzgericht verarbeiten ließen, ist nicht belegt.

Frau Liesl's Tipp

Schweinsbraten wird schmackhaft, wenn man den Braten mit einem Gemisch aus Salz und Pfeffer gut einreibt und das Fleischstück mit Paprika und gestoßenem Kümmel bestreicht.

Der Schwammerlwirt ist auch heute noch ein sehr beliebtes Lokal bei Gästen aus nah und fern und ein gefragter gastronomischer Austragungsort für familiäre Anlässe wie Hochzeiten, Taufen, Geburtstage.

Es soll aber schon vorgekommen sein, dass jemand verzweifelt, möglicherweise als Folge einer legasthenischen Attacke oder nach dem Genuss narrischer Schwammerl, den „Schrammelwirt" in Mauer gesucht hat, da sucht man natürlich lange. In Mauer sind es die Schwammerln, nach denen ein Lokal benannt ist. Interessant ist auch, dass „Schwammerl" der Spitzname Franz Schuberts war – heute wäre das eher eine ziemliche Beleidigung –, ob der sich auch in Mauer auf die Pilzjagd machte und sein eigenwilliger Spitzname vom diesbezüglichen Jagdglück herrührte und nicht von seiner rundlichen Figur, ist allerdings nicht überliefert.

Der Schwammerlwirt in Aktion

Hotel-Restaurant Stasta

1230 Wien, Lehmanngasse 11, Tel. 01/865 97 88, www.stasta.at

Montag bis Samstag 7 bis 23 Uhr

Mittagsmenü | CC | Gastgarten für 110 Personen mit Biotop

Das Stasta in Liesing ist so, wie es sich heute präsentiert, kein Gasthaus mehr im eigentlichen Sinn, sondern ein Restaurant mit angeschlossenem Hotel. Trotzdem erfüllt es durchaus noch die klassischen Funktionen eines Nachbarschafts-Wirtshauses. Seit mehreren Generationen wird das Stasta als Familienbetrieb geführt. Ursprünglich war es einmal ein Weinhaus, was bei der ehemaligen Nachbarschaft doch erstaunlich ist. Seit 1838 befand sich dort nämlich die Liesinger Brauererei, gegründet von Johann Georg Held. Seine Nachfolger nahmen etliche Veränderungen und Erweiterungen der Brauerei vor. 1898 erfolgte nach Plänen der Theaterarchitekten Fellner & Helmer der Bau eines Turmes auf dem Brauereigelände, der zum Wahrzeichen der Brauerei und Liesings wurde. In der Folge war die Liesinger Brauhaus-Restauration mit dem großen Tanzsaal jahrzehntelang ein beliebtes Ausflugslokal. 2006 wurden die letzten Reste der ehemaligen Brauerei abgetragen und auf dem Gelände ein städtebauliches Projekt, für dessen Konzeption Coop Himmelb(l)au verantwortlich zeichnet, realisiert.

Das Stasta beobachtete all diese Veränderungen aus sicherer Entfernung und entwickelte sich zum wichtigen Bezirkswirtshaus, das seine

Im Gastgarten des Hotels ...

... und im großzügigen Gastraum des Stasta

Geschichte trotz aller Entwicklungen und Modernisierungen noch immer erahnen lässt. Es gibt noch eine Schank und einen klassischen Gastraum dazu, daneben ein Kaminstüberl und zwei Extrazimmer und einen sehr schönen Gastgarten im Schatten alter Kastanienbäume mit einer kleinen Weinlaube.

Die Küche serviert klassische Wiener Gerichte und als Besonderheit österreichisches Rind vom Weber Grill, das heißt dann Beiriedschnitte vom Dry Aged Beef, Filetsteak vom Wienerwald-Weiderind oder Hüftsteak vom Styria Beef rare, medium oder well done. Zahlreiche österreichische Weine stehen zur Begleitung bereit, und regelmäßig werden Weinverkostungen veranstaltet, da hallt die Vergangenheit des ehemaligen Weinhauses noch ein wenig nach. Bei so viel Engagement ist es nicht verwunderlich, dass das Stasta schon mit zahlreichen Auszeichnungen geehrt wurde.

Das Stasta ist auch Hotel mit Restaurant und nicht nur Wirtshaus mit Gastgarten, das hat den Vorteil, dass man hier ein schönes Wochenende verbringen und nach dem Motto „Heimat, fremde Heimat" Liesing erforschen kann, eine umweltschonende und nachhaltige Reise.

Gute Tipps in Donaustadt und Liesing:

Gasthaus Christian

1220 Wien, Industriestraße 174
Tel. 01/203 85 64
www.gasthaus-christian.at
Mo–Fr 9–22, So, Fei 9–14 Uhr
Mittagsmenü | Gastgarten für 25 Personen

Fusion aus Wiener und kroatischer Küche, was zum Standort in der Nähe der Alten Donau passt. Nach einem Badetag kann man Pljeskavica oder Calamari bestellen und in Gedanken die kroatische Küste entlangsegeln.

Gasthaus Schina

1220 Wien, Quadenstraße 56, Tel. 01/282 13 25, Mi–So, Fei 9–24 Uhr
Mittagsmenü | CC | Terrasse für 36, Garten für 100 Personen

In der Donaustadt sind die Köche experimentierfreudig, wie das Angebot bei Schina, Spezialitäten von Strauß und Känguru, bezeugt. Für bodenständige Gäste gibt es Steaks, Grillspezialitäten und Gutes nach Saison.

Zur Alten Kaisermühle

1220 Wien, Fischerstrand 21a, Tel. 01/263 35 29, www.kaisermuehle.at, Mitte März bis Ende Sept. tägl. 11.30–23, Okt. bis Dez. Do–Sa 11.30–23, So 11.30–22 Uhr, Jän., Feb. geschl.
Gastgarten für 350 Personen direkt an der Alten Donau, Bootsanlegestelle

Beliebtes Lokal am Wasser. Umfangreiche, nach Jahreszeiten variierende Karte mit Wiener, spanischer, italienischer Küche, Steaks u.v.m.

Gasthaus zum Brandtner

1230 Wien, Kalksburg-Kirchenpl. 3, Tel. 01/887 42 93, www.zumbrandtner.at, Di–Sa 9–22, So 9–16 Uhr
Mittagsmenü | Gastgarten für 50 Personen

Hausmannskost und je nach dem jahreszeitlichen Angebot Gerichte mit Pilzen, Wild oder Kürbis. Für Naschkatzen stehen Mehlspeisklassiker wie Kaiserschmarren oder Marmeladepalatschinken auf der Karte.

Karl-Wirt

1230 Wien, Ketzergasse 155, Tel. 01/869 03 01, www.karlwirt.at, Mo–Sa 9–22 Uhr
Mittagsmenü | CC | Wintergarten für 85, Garten für 200 Personen

Scharf an der Grenze zu Perchtoldsdorf residiert der Karl-Wirt, der eher schon ein Landgasthaus ist. Der Familienbetrieb bietet Wiener und internationale Küche und laufend wechselnde Spezialitätenwochen an.

Zur Schießstätte

1230 Wien, Maurer Wald 345 (Ende Maurer Lange Gasse), Tel. 0676/725 78 61, www.schiessstaette.net, Mo, Di, Fr–So 10–19 Uhr
Garten für 300 Personen

Ausflugsrestaurant (10 Min. Fußweg) im Biosphärenpark Wienerwald. Wiener Küche und Speisen nach Saison mit Bärlauch, Wild, Pilzen etc., und das möglichst mit Produkten aus der Region.

Register

Register nach Bezirken geordnet

1., Innere Stadt

2., Leopoldstadt

3., Landstraße

4., Wieden

5., Margareten

6., Mariahilf

7., Neubau

8., Josefstadt

9., Alsergrund

10., Favoriten

11., Simmering

12., Meidling

13., Hietzing

14., Penzing

15., Rudolfsheim-Fünfhaus

16., Ottakring

17., Hernals

18., Währing

19., Döbling

20., Brigittenau

21., Floridsdorf

22., Donaustadt

23., Liesing

Register von A bis Z

Lage der beschriebenen Lokale

Orientierungsübersicht (siehe Karte im Umschlag >>)